Negotiation psycholog
You can convince everyone by open

谈判心理学

一开口就能说服
所有人

冠诚◎著

郑州大学出版社

图书在版编目（CIP）数据

谈判心理学：一开口就能说服所有人/冠诚著. —
郑州：郑州大学出版社，2017.11（2019.10 重印）

ISBN 978 - 7 - 5645 - 4768 - 4

Ⅰ. ①谈… Ⅱ. ①冠… Ⅲ. ①谈判学 - 社会心理学
Ⅳ. ①C912. 35

中国版本图书馆 CIP 数据核字（2017）第 220150 号

郑州大学出版社出版发行

郑州市大学路 40 号　　　　　　邮政编码：450052

出版人：张功员　　　　　　　　发行电话：0371 - 66966070

全国新华书店经销

三河市宏图印务有限公司

开本：880mm × 1230mm　　1/32

印张：6

字数：210 千字

版次：2017 年 11 月第 1 版　　印次：2019 年 10 月第 3 次印刷

书号：ISBN 978 - 7 - 5645 - 4768 - 4　定价：35. 00 元

前 言

社会需要沟通，需要交流，而人与人之间交流思想，沟通感情最直接、最方便的途径就是语言。通过出色的语言表达，可以使熟识的人之间情更浓，爱更深；可以使陌生的人产生好感，增进友谊；可以使意见分歧的人互相理解，消除矛盾；可以使关系不和睦的人化干戈为玉帛，友好相处。

不管你生性多么聪颖，接受过多么良好的教育，穿着多么漂亮的衣服，拥有多么雄厚的资产，如果你无法得体恰当地表达自己的思想，你仍旧需要练习说话的能力。要想让别人喜欢你，必须培养自己的谈话能力，只有这样，才能打开人与人之间沟通的大门，才能让彼此的心灵互相碰撞，产生共鸣。在各种各样的人际交往中，好口才的你将会广受欢迎，能轻松地与他人融洽相处，在社会中如鱼得水。

美国人早在 20 世纪 40 年代就把"口才、金钱、原子弹"看作是在世界上生存和发展的三大法宝。60 年代以后，又把"口才、金钱、电脑"看成是最有力量的三大法宝。而"口才"一直居三大法宝之首，足见其作用和价值。

如今的社会是个信息大爆炸的社会，信息的作用越来越大。一项工作常常需要众多员工的合作、多种信息的综合。其中，语言是最普遍、最方便，也是传递信息最直接的方式。语言能力强，就能顺利而准确地接受和理解对方传递的信息，也能顺利地交流；语言能力弱，就不能很好地把信息传递给对方，交流会因此产生障碍，甚至终止，导致交流失败。因此，若想在社会上游刃有余，不仅要有新的思想和见解，而且还要有良好的语言表达能力。

在日常交往中，有口才的人能把平平常常的话题讲得引人入胜，嘴笨口拙者即使讲的内容很好，听起来也索然无味。有些建议，有口才的人一说就通过了；嘴拙的人怎么说也无法得到别人的认同。也就是说，好口才是成功的敲门砖，可以带来意想不到的结果。有了好口才，才会有好人生！

目 录

第一章
自信言谈成功之基

自信的言谈，是成功表达的基础。即使你天赋过人，如果无法将自己的长处展示出来，也不可能获得成功。因此，敢于表达自己，让别人充分地了解你的长处，你的优点才能被人赏识，你才有可能成功。

一天，一个衣衫褴褛的青年突然闯进了美国费城著名的商人鲍尔·吉勒斯先生的办公室，请求占用吉勒斯先生一分钟时间，允许他讲几句话。

吉勒斯先生对这位青年感到很惊奇，因为他虽然看起来生活比较窘迫，但精神却非常饱满。出于好奇，吉勒斯先生同意了他的谈话请求。起初，他只打算与那个青年说一两句话，结果，他们的谈话持续了一个多小时。

谈话结束后，吉勒斯先生立即打电话给狄诺公司费城的经理泰勒先生，再由这位著名的金融家邀请这个青年共进午餐，并给了他一个极其重要的职务。

一个身处穷途末路的青年，竟然能在半天之内，通过一场谈话走出了人生困境，走上了阳光大道。其主要原因就在于他能够勇敢地表达自己，为自己敲开成功的大门。

言谈符合文化背景

语言与文化、社会背景是既相辅相成又相互制约的，也就是说，当我们在传递任何信息时，总是会受到不同社会和文化的影响。因此，为了让语言运用达到最佳效果，必须清楚辨明各种社会及其文化对双方的影响。

人们交谈时，一切的言行均在一定的社会和文化背景下进行，换言之，一定要符合所谓的文化特色、社会规范或伦理准则。它一方面力求避免和克服与特定场合不协调、不适应的情况，更重要的是另一方面，即有意识地主动联系社会规范，并选择一定的表达方式，以有效发挥语言的表达功能。

一般而言，我们的社会环境、历史背景、文化特征，往往会赋予语言在本身意义之外的附加意义和功用，从而对人际往来产生影响。所以，当我们在使用具有"附加意义"的语词时，必须小心谨慎，如果随意乱用，势必会弄巧成拙。不同的民族有不同的文化特征，而不同的民族语言也反映了其不同的文化特征，因此，在语言的运用上必须注意文化差异。

例如，我们都会对同事、朋友、邻居说声："吃过饭了吗？""这么早，上哪去呀？"谁都知道这是一种亲切的问候和招呼，但在不同的民族文化里，却可能引起误解或不快。譬如对欧洲人或美国人说"吃过饭了吗"，对方可能以为你要请他吃饭，当他发现你只是随口的一声问候时，便会认为你虚情假意、言不由衷，因此对你印象极差。"你要多穿些衣服，别感冒了。"在我们听来这是一种关怀，但美国人听了也许会认为你是在指责他，反而会对你产生反感。

由此可见，与人交谈时，多多了解对方的社会、文化背景，一方面可以避免或克服某种不协调的情况，另一方面，则可以有意识地运用其文化背景增强谈话效果。

善于表达才是人生赢家

有很多人觉得自己不大会说话，在生活中有许多不便。他们平时很少说话，跟熟悉的人东拉西扯倒没问题，可到了正式场合，却说不出几句有用的话。在社会中，他们与人交往时也是处处词不达意，时时困窘尴尬。于是，别人就会说他们是老实人，他们也经常说：我不会说话，是老实人。好像老实人就必定不会说话，不会说话的必定是老实人。这明显是个谬论。

那些不会说话的人，也不应该认为自己因为不会说话，就是老实人。否则，他们就会因此而不肯正视这个问题，从而错误地认为学说话就是学滑头，学不老实。不过，多数人并不那样想，他们倒是会老老实实地承认，不会说话是他们的缺陷。他们想练习一下自己的口才，因为他们知道有了好口才之后，就不会词不达意，就可以避免在生活和工作中遇到很多困难。有了好口才，才能促进自己事业的发展，使自己的生活顺利而愉快。

我们的祖先不大重视甚至不大喜欢"能说会道"的人，那些很健谈的人，常常被冠以"夸夸其谈"的帽子。如果一个人被公认为喜欢"夸夸其谈"，那就不怎么讨人喜欢；而如果被公认为善于为自己辩护，那就没有多少人愿与之交往。相反，如果一个人沉默寡言，不苟言笑，这个人往往会受到赞赏。这个传统的评价标准，在今天的青年身上依然打下了深深的烙印。常常听到有人说："我这个人，笨嘴笨舌，不会说话。"似乎这并不是什么缺点。显然，这是相当陈旧的一种见解。

现代社会需要那种机敏灵活、能言善辩的人。羞怯拘谨、笨嘴笨舌的人，在现代社会不会成为出类拔萃的人才。有些人很有知识，就是因为缺乏"嘴巴上的功夫"，而不受欢迎；有些人专业水平很高，工作很出色，表达能力却很差，言谈拘谨慌张，逻辑思维混乱，一讲话就语无伦次，虽有丰富的经验和独到的见解，却是"茶壶里煮饺子——倒不出来"。

现代社会注重口才，谈恋爱、做生意，凡是在需要与人打交道的场合，口才都起着举足轻重的作用。如果会说话，就能够博得对方的好感；假如善于说服人，就足以证明自己的能力；如果会说话，就会比别人多一些成功的机会。无数事实证明，在当今社会，敢于表达并且善于表达才是真正的赢家。

会说话是人际交往的"利器"

没有人天生就口才好、能言善道的，即使是令人钦佩的名嘴或演说家，也不是在任何场合说话都能赢得满堂彩。说话和其他的才能一样，要日积月累，不会一步登天。口才好的人也是在一次又一次的经验中借着观察听众，逐渐掌握技巧，不断地提升自己的说话能力。说话是为了让他人能了解自己的意思，借谈话来取得互信和互谅。如果你认为对方无法了解你的意思，就不去花时间和心力和他交谈，那么这就表示你并不了解说话的功能。

播音员、节目主持人、演员等，都是使用语言的行家，但他们大多认为自己从小并不善于言辞。正因为他们自认口才不佳，于是加倍努力去提升自己的表达技巧。

某项调查结果显示，业绩最好的业务员，几乎都是性格内向者，而且大多是原本口才不佳的人。至于性格外向，能言善道的人，则大部分都业绩平平。这是因为，性格内向的人通常会深入探求事物的来龙去脉，并热衷研究原因，当他们完成一件事后，必定会检讨得失，找出导致失败的主因。而且，他们会不断做出新的尝试，寻找构成成功的因素。若成功了，便证明此为"成功的关键"，他们就是这样累积成功的经验。事实上，当你和一流的业务员交谈时，你将会发现，对方看来很文静或很斯文，话说得不多，但你却始终有种被吸引、被了解的感觉。

所谓口才好，并不表示一定要舌灿莲花、八面玲珑。许多人在非正式的场合与朋友共聚一堂时，总能说些幽默、逗趣的话，而大受欢迎。但他们在参加一些正式会议时，却变得沉默寡言，凡事都以"是""不是""有可能"或"不知道"来作答。也就是说，他们在正式的场合不会说得体的话。因为害怕被人取笑，在过于介意他人对自己的评估的心理压力下，使得他们无法轻松自在地表达自己的意见。任何人在正式的场合都难免会怯场，许多著名演员，在第一次面对摄影机时，紧张得忘了台词，也是常有的事。很多著名演员都是靠着平日严格的训练才能克服难关，从每次的失败和成功的经验中累积自信。只要表现得从容、大方，谈吐自然就得体，如果再能"不伤大雅地幽默一下"就更好了。

事实上，会说话对人类而言是非常重要的技能，只要有自信，你所说出来的话自然会显得有力而且够分量。只要我们勇于尝试，从尝试的结果中，找出成功或失败的关键，口才自然是越练越灵光。所谓口才不佳，只是人们在为自己的不努力找借口罢了。经过多次的尝试与体验，就能学会谈话技巧，只要时常这样想："这种方法不尽理想，是什么原因呢？还有其他更好的方法吗？"如此追根究底，累积各种说话经验。此外，阅读报刊、欣赏电影、倾听别人说话，都可以学习说话的技巧，从中提升表达能力。

任何人要想被一个群体接纳，就必须遵守该群体的规则。了解这些规则以后，就可以自由地使用语言，使说话成为一件愉快的事。谈话仅停留在公式化的寒暄是不行的，必须向更高层次推进。当自己的想法或构想获得大家的认同，或在交谈中感觉自己更善于待人处世时，你就会发现会不会说话真的很重要，而且更是人际往来时的一项"利器"。

寻找机会开口练习

德摩斯梯尼在西欧被称为"历史性的雄辩家"。

据说，他天生声音低沉，且呼吸短促，口齿不清，旁人经常听不懂他在说些什么。当时，在德摩斯梯尼的祖国雅典，政治纠纷严重，因此，能言善辩的人格外引人注目，备受重视。尽管德摩斯梯尼知识渊博，思想深邃，十分擅长分析事理，能预见时代潮流和历史发展趋势；但是他清醒地认识到自己在语言表达方面存在问题，缺乏说话技巧，不解决这个问题，他将很难出人头地。

于是，他做了一番周密细致的思考，准备好了精彩的演讲内容，第一次走上了演讲台。他的声音一如既往地低沉、肺活量不足、口齿不清，以至于听众无法听清楚他所言何事、何物。德摩斯梯尼的第一次演讲就这么失败了，但是，他并不灰心，反而比过去更努力地训练自己的说话能力。他每天跑到海边去，对着浪花拍击的岩石演讲；回到家中，又对着镜子观察自己说话的口型，做发声练习。工夫不负有心人，当他再度上台演说时，终于博得了众人的喝彩与热烈的掌声，并一举成名。

由此可见，只有刻苦勤奋、坚持不懈地努力练习，才会获得令人惊奇和瞩目的成功。

当我们参加某一个团体、组织，或出席聚会时，不要只袖手旁观，而要施展浑身解数，勤奋地进行口才练习。比如，主动协助他人处理一些工作，设法做各类活动的主持人，这样，就有机会接触那些口才好的人，向他们学习说话的技巧，自然而然，口语表达能力慢慢也就提高了。

在日常生活中，没有哪种活动是不必开口说话的，商业、社交、政治甚至社区工作无不需要口才。练习的机会越多，改进的机会也就越多，到处都是练习谈话的题材和对象。只有不停地练习，你才能知道自己可以进步到何种程度。

即使读遍所有的口才书，如果不寻找机会开口练习，依然不会有口才上的出色表现。

不要把说话当成一种负担

羞怯的心理是自我表现的强敌，只要你克服了这种心理，勇敢地向众人展示你自己，你就拥有了迈向成功的机会。

经常会有人自我解嘲地说："我口才不好，不会说话。"这是因为羞怯与恐惧的缘故。其实，只要能克服障碍，每个人都能打开话匣子，侃侃而谈。

有人坦然地承认自己在众人面前讲话的时候会胆怯紧张，而且对此颇为苦恼。

要使自己从胆怯紧张中站出来，必须先遗忘恐惧，勇敢地面对问题。多给自己一些信心和勇气，你就会发现自己其实是很出色的。你要鼓励自己面对问题，克服胆怯。每个人几乎都有在众人面前发表意见的经验，也可能怯场过。即使是那些在台上说得眉飞色舞、慷慨激昂的演说家，或者是知名的表演者，他们在上台前也曾有过胆怯、紧张；但是当他们站在众人面前时，一切的恐惧就会全部抛诸脑后，一心一意只想把事情做好。因此，克服恐惧最好的方法就是——接受你必须面对的情况。

另外，如果你随时随地都因为担心说错话而压抑自己，不敢与他人交谈，你将无法享受到谈话的乐趣。有一位朋友常常告诫自己要"谨言慎行"，避免和他人随意交谈，所以在朋友群中，他总是最沉默的一个人。当别人指责他、要求他时，他从不辩解也不开口拒绝，于是朋友们都笑称他为"好好先生"。他的性格使他无法轻松与人交谈，即使觉得委屈、愤怒也不明确表示出来，渐渐地，这种性格不但阻碍了其人际关系的拓展，也造成了他和朋友之间的误解。

总之，请不要把说话当成一种负担，丢掉羞怯和恐惧的包袱，你也可以打开话匣子，侃侃而谈。

关掉紧张接收器

很多人在别人面前说话会紧张，在会议或公开场合需要发言时，勇气更是不知跑哪儿去了，总是畏畏缩缩的。说话的时候，你可能也是手心冒汗双手发抖，连声音都颤抖起来，然后脑子一片空白，甚至连自己说了些什么话都不知道。这是为什么呢？心理学上是这样解释这种状况的："说话者从听者的表情、动作及眼神中，自认为听者对自己的说话方式及内容感到不耐烦。"换句话说，说话者会紧张的原因，就是因为其意识与注意力，转移到了令其不安的对象身上。

比如说，说者本来预期自己的一席话可能惹得哄堂大笑，可是放眼望去，听众却丝毫不为所动，而且还以冷漠的眼神望着他；或者是他期望大家的表情能放轻松点，没想到大家的表情却都很严肃。这些未能被预期的状况，让说者的注意力无法集中在说话本身，因此产生紧张。

不过，不是只有你会紧张！不管是谁，大家多多少少都会紧张，如果你知道这个事实，就会认为"会紧张是当然的"，"大家都会紧张，没什么好怕的"。不信的话，你去问身边的朋友，包括那些你以为很大方的人，看他们在人前说话时会不会紧张。他们给你的答案一定是肯定的。

不过这样还不够，为了让自己在人前能自然地说话，还得靠多练习，先一个人自己多练习发声，接着多在人前练习说话，这样才能消除紧张，从而自然地说话。

你在面对众人说话前，往往会想："会不会紧张呢？如果紧张起来，那可就丢脸了。"这样的想法一旦产生，从大脑的功能来看，就等于是在上台前就为自己启动了脑中的"紧张接收器"。开始说话后，只要遇上一点点小问题，脑中的"紧张接收器"就立刻收到信息，于是果然就开始紧张起来了。

事实上，"紧张接收器"随时存在脑中，但是它是用在性命攸关的时候，上台说话时，根本不需要这个"紧张接收器"，所以请把它关掉。

你也许会想："有这么简单吗？"事实上就是这么简单，只要你在上台之前对自己说："关掉紧张接收器喔！"特别是在你感到不安时，一定要认真地说两三遍，因为说出来的话会影响到你的心理，多说几遍能消除你心中的不安。

在闲聊中学习说话技巧

面对陌生的事物，我们很容易害怕退缩。想要让自己能够流利地表达意见，最好的方法就是让自己习惯开口。做任何事情都需要练习才会进步，说话也是如此。

通常我们无法自在地与陌生人交谈，假如你能鼓起勇气和超市店员或不太熟识的邻居说声"你好"，你就会发觉自己越来越习惯面对陌生人发言了。

所以在任何场合，你都要积极把握和别人交谈的机会，试着与他人闲聊、寒暄，从中学习说话技巧，建立自信。

第一次的尝试总是比较艰难，但是一回生、二回熟，熟悉之后就能生巧。只要不断尝试，你也可以成为健谈者。成功的推销员、演说家并非一开始就非常出色。一名成功的推销员很可能在历经多次失败之后才明白说话的技巧，著名的演说家也是经历无数次演说经验才掌握了演讲的技巧，才赢得了满堂彩。

我们很多人不善于言辞，主要是因为习惯了只与熟悉的朋友或同事交谈。所以当我们必须面对陌生谈话习惯和风格时，就一筹莫展了。

顺利进行沟通的关键只在一点，那就是及早与对方建立"相识的关系"，接着逐渐加深彼此的亲密度，发展成气味相投的关系。

第一个步骤是先开口说话，问候对方。

主动与对方搭讪，打完招呼可由天气等无关紧要的话题说起，逐渐加深话题力度，密切留意对方所关心的话题。和对方谈话时，应尽量由对方说话，自己则当个称职的听众。

事实上，只要当个好听众，就可以成为口才好的人。因为唯有仔细倾听对方吐露的话语，才能说出符合对方心意的话。而当对方感受到了你耐心倾听的诚意，自然就会对你产生信赖感，并产生与你交谈的欲望。

只要当事人能意识到交谈方式和内容的重要性，能培养起彼此良好的信赖感。因此，与人沟通时必须明确表达自己的意思让对方了解，这样你们的谈话才有意义。

人际沟通的诚意策略

只要是真实可信的说话内容，再加上热心诚恳的说话方式，说话交际就能达到理想的效果。正如谚语所说："有了巧舌加诚意，就能够用一根头发牵动一头大象。"

沟通要成功，第一个策略，就是要让人家感觉到你的热心和诚意，正所谓"精诚所至，金石为开"。如果自己本身都意未明，情未动，言不由衷，怎么去表情达意？如果说诚意所要求的着眼点是内容，那么热心所要求的重点就在语言的表达上。"情自肺腑出，方能入肺腑。"只有深切的热诚，才能唤起别人的热诚。

热诚的具体表现是多方面的，其中之一就是对他人的尊重和说话时的礼貌。人与人相处，除了道德和伦理上的意义之外，还有其特殊的含义，而且这种含义直接关系到自己或公司在大众心目中的形象和声誉，与公共关系目标的实现紧密相关。因此，如你身为公关或服务人员，就更需要注重诚意的表达，以及是否尊重对方。

在公关策略中，公关人员服务的对象是"任一不特定的大众"，从理论上说，大众就是任何需要我们提供服务的人。因此，出现在公关人员面前的不管是群体还是个人，只要是你的顾客，就应该对他们讲信用，用真心为其解决问题。

曾经有一个平凡的业务员，干了十几年的推销工作后，突然对长期以来的强颜欢笑、编造假话、吹嘘商品等招揽顾客的做法感到十分厌恶，他觉得这是生活上的一种压力，为了摆脱这种压力，他决定要对任何人都无所欺。因此，他下定决心今后要向顾客"讲真话"，即使被解雇也在所不惜。

有了这个念头之后，他觉得心情轻松多了。

从这天开始，当第一个顾客进店时，问他店中有没有一种可自由折叠、调节高度的桌子。

于是，他搬来了桌子，如实地向顾客介绍。

他说："老实说，这种桌子不怎么好，我们得常常接受退货。"

"啊！是吗？可是到处都看得到这种桌子，我看它挺实用的。""也许是。不过据我看，这种桌子不见得能升降自如。没错，它款式新，但结构有毛病，如果我向您隐瞒它的缺点，就等于是在欺骗您。"

"结构有毛病？"客人追问了一句。

"是的。它的结构过于复杂，过于精巧，结果反倒不够简便。"

这时，他走近桌子，用脚去蹬脚板，本来，这要像踩离合器踏板，得轻轻地踩，他却一脚狠狠踏上去，桌面突然往上撑起，撞到那位顾客的下巴。

"对不起，我不是故意的。"

这时，客人反而笑了起来，脸上甚至露出喜悦的神色。

"很好。不过，我还得仔细看看。"

"没关系，买东西不精心挑选是会吃亏的。您看看这桌子用的木料，它的品质并非上乘，贴面胶合得很差，坦白说，我劝您还是别买这种桌子，您到别家家具店看看，那边的东西要好得多了。"

"好极了！"

客人听完解说十分开心，却出乎意料地表示他想要买下这张桌子，并且要马上取货。

过了一小时，店里突然来了一群人，一下就买走了几十张桌子，说他们是刚才那位买桌子的客人介绍来的。

就这样店里成交了一笔很大的买卖。这件事也惊动了经理，售货员得到了店有的奖励经理还把他如实介绍商品的做法称为新型的售货风格，并要他继续保持下去。

人际沟通上的"诚意"，不仅在商场上能产生奇效，在政治领域也同样有效。

1952 年，艾森豪威尔竞选美国总统，年轻的参议员尼克松是他的竞选搭档。

正当尼克松为竞选四处奔波时，《纽约时报》突然报道尼克松在竞选中秘密受贿的丑闻，消息不胫而走，给共和党的竞选带来极为不利的影响。

为摆脱困境，共和党花了数万美元让尼克松利用媒体，向全国选民做半个小时的公开声明。

很显然，能否澄清事实，取得选民认同，此举是关键。当时，全美国有 64 家电视台、700 多家电台把镜头、麦克风对准了尼克松。

而尼克松万万没有料到，当他走进全国广播公司的录音室之前，他被告知，助选的高级顾问已决定要他在广播结束后提出辞呈。

这意味着共和党和艾森豪威尔，已经在最关键的时刻抛弃了他。

于是，尼克松只好采取了一个在政治史上少见的行动：他把自己的财务状况全部公之于选民，先是公布了他的财产，接着公布了他的负债情形。

就这样，尼克松争取到了选民的同情，他详细地说明了自己的经济状况，连同怎样花掉每分钱都如实地告诉大众，这几乎是每天发生在大家身边的事，听来那么熟悉，那么真切可信。

最后他满怀感恩地说："我还应该说的是，我太太帕特没有貂皮大衣……还有一件事，也应该告诉你们，获得提名之后，我们确实收到一件礼物。得克萨斯州有一个人在收音机中听到帕特提到我们两个孩子很想要一只小狗，就在我们这次出发做竞选旅行的第一天，通过巴尔的摩市的联邦车站送来一只西班牙长耳小狗，带有黑白两色的斑点，我6岁的小女儿西娅给它取名叫切克尔斯，她非常喜欢那只小狗。现在我只要说明这一点，不管别人说什么，我们都要把它留下来。"

就这样，连尼克松自己都没有想到，他的演讲获得了巨大的回响。当他走出录音室时，到处是欢呼声，有数百万人打来了电话、电报或寄来信件，几乎每个著名的共和党人都发给尼克松赞扬的函电，从邮局汇来的小额捐款就达六万美元。

就这样，事实澄清之后，尼克松反而赢得了大批同情的选票。

后来，人们评论尼克松这次演讲成功的关键，就在于他的演说具有两大特点：一是"真诚"；二是"淳朴"。

当时，处于绝望边缘的尼克松，竟然不考虑以副总统候选人的身份，而是以一个普通人的形象出现在公众面前，与大家话家常，而他讲述的生活细节富有人情味，所以才能打动听众的心，获得他们的信任。

尼克松的获胜，可以说是"诚意策略"最成功的例子。

古今中外有无数被传为美谈的沟通趣事，从各个层面来看，诚实的语言不仅能带来成功，甚至会带来神话般的奇迹；反之，如果一个人不遵循在语言上"诚能感人"的原则，就会失信于众，轻则影响个人的形象和声誉，重则危及组织的前途和生存。

因此，一切有远见卓识的人，都必须把"诚"视为处世成功的基础，别再耍一些弄虚作假的手段，虽然顾客或大众中，有些人是比较好骗的，但不可能所有人都是白痴，投机取巧和巧言令色的面具总有一天会被揭穿，虚情假意是永远逃不过人们的眼睛，因而也是永远说服不了大众的。

坚持话由旨遣的原则

我们在平常的生活和人际交往中，失言往往是不可避免的。失言的原因也是多方面的，但其中最根本的原因，往往是因为缺乏清醒的目的意识。

谈话的目的，不只是一种社交上的需要，也不只是互相认识和了解一下。

例如，你找一位朋友，请他参加一个团体，或者请一位医生解决一个医疗问题，或是买卖双方谈论生意上的事情，这类谈话，每次都有一个特殊的目的。

一般来说，人们说话的目的，不外乎以下五种：

——传递信息或知识。如课堂教学、学术报告、现场报道、产品介绍、展览解说等一类的讲话。

——引起注意或兴趣。多是出于社交目的，或为了与人接触，或为了与人沟通，或为了表明自我的存在，或为了取悦于人，如打招呼、应酬、寒暄、提问、拜访、导游、介绍、主持人讲话等。

——争取了解和信任。如人们交谈、叙旧、拉家常、谈恋爱等，往往旨在交流感情，增进友谊，密切关系。

——激励或鼓动。旨在加强人们现有的观念，坚定信心，振奋精神，有时也要求得到行动上的反应，如赞美、广告宣传、洽谈、请求、就职演说、鼓动性演讲，以及聚会、毕业典礼和各种纪念活动、庆祝活动中的讲话等。

——说服或劝告。诸如谈判、论辩、批评、法庭辩护、竞选演说、改革性建议等此类说话，大多力图改变对方的某种观念或信念，阻止对方采取某种行动。

坚持话由旨遣的原则，明确说话目的，是说话取得成功的首要条件。目的明确，谈话、社交往往能够取得良好的效果，有时甚至能够使说话人急中生智，化险为夷。

只有明确了目的，才知道应准备什么话题和资料，采取何种语体风格，运用哪些技巧，从而能够有的放矢，临场应变。若目的不明，不顾场合地信口开河、东拉西扯，对方就会不知所云，无所适从。

因此，每次说话之前，不妨扪心自问："我为什么要说？"或者："人家为什么要我说？"预先想一想可能产生的效果，并把预期的效果当作目标并为之努力。

冲淡恐惧心理的办法

消除紧张、恐惧心理的方法多种多样。

——越掩饰，越紧张。紧张不安时，不妨笑着承认：我好紧张啊！公开地袒露心中的压力状态，这样倒可以一点点释放紧张的心情。

——为紧张说好话。如果紧张心情出现，也可以试着这样自我安慰："唉，又开始紧张了。如果一个人对于在众人面前亮相已经完全习以为常，没什么感觉与反应，那就完了。幸好，今天还是会紧张，心跳个不停，真是好极了。"

只要这种紧张情绪一冲淡，就可以大胆开口说话了。

——正确看待你说话的对象。关于克服当众怕羞的心理，卡耐基先生最有经验，而在他的众多经验中，最基本的经验就是：你要假设听众都欠你的钱，正要求你多宽限几天，你是神气的债主，根本不用怕他们。

正确看待你的听众，不仅可以克服不安的情绪，而且有助于建立勇气和自信。因为当众说话可以控制自己的恐惧。

——放松心灵。许多舞台经验相当丰富的戏剧演员，当他们在开幕前仍然会激动紧张。其实愈有经验的人，他的观察力也愈强，对于环境及人和事也愈敏感。所以说，他的紧张是一种对于环境的恐惧和对自身信心不足的表现。

当遇到同样的情况时，首先，要保持清醒的头脑，要清楚自己是讲话者，形象对听众的影响至关重要，千万别把自己逼入自己制造的模子当中，让自己看起来像个傻子。一旦你能在人群中随遇而安，就不可能再退缩。不论是对个人还是对人群，都能和平时一样自如表达自己的意见。

——鼓足勇气。美国著名心理学家威廉·詹姆斯教授曾说："通往欢乐最佳的方法，即是快快乐乐地站起来说话，表现得好像欢乐就在那里。如果这样的举动不能让你觉得快乐，那就别无良方了。所以，感觉勇敢起来，表现得好像真的很勇敢，运用一切意志达成那个目标，勇气就很可能会取代恐惧。"

詹姆斯的劝告对我们非常有用。为了培养勇气，当我们准备说话前，深呼吸30秒，这样增加的氧气供应可以提神，并能增强信心。

——避免与人相比。如果对自己要求太高就可能有口难言。希望别人听了自己的每句话都佩服得五体投地；希望自己一开口，别人就洗耳恭听。你看见许多人能够做到这一点，因而佩服他们，羡慕他们，希望自己也能和他们一样。可是当事实并非如此时，你失望了，郁闷了。因此，你变成了一个不大出声的人。

对自己要求高一点是应该的，或者说是值得鼓励的。不过，同时也要清楚口才和其他才能一样，不是一下子就能得到的。那些口才好的人之所以有如此高的水准，是因为他们一直坚持不断地练习，逐步提高的。

——不要害怕犯错误。在讲话过程中还应尽量避免令自己不安的反面刺激。比如，总是设想自己会犯语法错误，或总担心自己的讲话会突然停顿下来，讲不下去了，这就是反面刺激，很可能会动摇你的信心。因此，在开口时，最重要的是把注意力从自己身上移开，避免不必要的登台恐惧。

克服这种恐惧，对我们做其他事也有潜移默化的功效。那些接受挑战的人，会发现口才一天天好了起来，战胜了当众说话的恐惧会使自己产生脱胎换骨的感觉，人生因而更丰富，更圆满。

收集谈话的题材和资料

无论三教九流，各种阶层的人物，若能和对方谈上 10 分钟而他又感兴趣，真是不容易。其实，如果肯下工夫，就可以获得良好的交流体验。"工欲善其事，必先利其器"，虽是一句老话，但它直到现在仍然适用。所以，我们要通过一切途径来学习，充实自己。

> 有一间美容院生意兴隆，在当地首屈一指。有人问店主发达的理由，他坦言，那是由于他的美容师在工作时善于和顾客攀谈。店主人说，他每月把各种报纸杂志都买了回来，规定职员在每天上班之前一定要看看，当作日常功课一样。那么，他们自然就获得了最新鲜的谈话资料，可以轻而易举地找到顾客感兴趣的话题并聊下去，增加顾客的满意度。

一个胸无点墨的人，自然不能期望他在谈话中能应对自如。学问是一个利器，有了这个利器，许多问题都可迎刃而解。你虽不能对各种专门学问有精湛的研究，但是，有些常识却是必须具备的。有了一般的常识，倘若能巧妙地运用起来，那么，应付任何人 10 分钟有兴趣的谈话是不难的。因此，你必须多读书，多看报。世界的动向，国内的情形，科学界的新发展，世界各地的风土人情，以及艺术新作、时髦服饰、电影戏剧作品的内容等，皆可从读书看报中获得。

阅读的时候，最好把每天最有意思的新闻和好文章收集起来，阅读每天只要两三条，两周之后就会记得不少有趣的事情了。在阅读时，还可以用红蓝铅笔在那些有意义的语句下面做记号，或者摘抄下来。开始时不要贪多，要坚持不懈，两三个月之后，你的思想就会比以前丰富得多。

同样，在听别人说话时，随时都可以碰到充满智慧的警句和谚语。把这些话记在心中，写在纸上，日积月累，你谈话的题材和资料就会越来越丰富。当你与人交谈时，就会很容易地想起它们，或者用自己的话加以发挥。这些有意义的话，随时都会跳出来帮助你解决困难的。你的口才也就越来越纯熟了。

给他人留下良好的印象

人的第一印象，在人际沟通中，有时起着举足轻重的作用。

只要见过罗斯福的人，没有不对他广博的见闻佩服得五体投地的。一位拜访过他的人曾说过："无论来访的是牛仔、勇敢的骑兵随员，还是政治家、外交官，罗斯福都能找到适合对方身份的话题，让彼此的谈话十分愉快。"为什么罗斯福能做到和每个初次见面的人相谈甚欢？原因很简单，每当罗斯福接见来访者之前，他都会在前一天晚上查阅会见者的资料，了解其性格特征和喜好，以便找到让对方感兴趣的话题。

在会谈之前，你首先要尽量多地搜集关于对方的资料。这样在发问时，对方会因为你对他的专业知识有所了解，而对你产生好感，乐于与你谈话。同时也体现了你对对方的重视。

通常，两个不相识的人，一旦有了共同的话题，很容易拉近彼此的距离，如果你想和初次见面的人早些熟悉，最好尽量找出彼此的共同点。

初次见面时，双方的信任还未达到一定的程度，因此最好不要询问太深入的话题，尤其是他人的隐私。如果贸然提出，可能会造成对方的尴尬，形成交谈的障碍。

想要与对方建立一种无话不谈的信赖关系，有许多方法可以帮助你，其中最基本的一项是，不要随意打断他人说话。有位资深心理辅导老师，他总是能与初次见面的学生在短短一小时内，建立起无话不谈的深厚友谊。他的秘诀是：不要打断对方说的话。

有些人性子急，一听见某些意见，或是想到什么，马上脱口而出，打断他人的谈话，这很容易引起对方不悦，因此，如果你希望给他人留下良好的印象，应该避免犯这种错误。

有个大学生，每次听课时，总会习惯性地把手交叠抱胸。有一次，来了一位代课教授。从上课开始，教授就一直注意着他，使他觉得十分不安。下课后，教授问他是否对他的教法有所质疑。他很惊讶地给了否定的回答。原来问题出在他抱胸的姿势，因为抱胸代表"拒绝"的意思，所以才会引起教授的误会。从此之后，他改掉了听人说话时把手交叠抱胸的习惯。

一般人只知道和长辈谈话时，抱胸跷腿是无礼的行为，其实即使是与朋友、同事的交谈也应避免这种不礼貌的姿势，尤其是初次见面，这种姿势的出现，会使对方认为你不愿与他做进一步的沟通，甚至认为你态度傲慢而对你产生不良印象。

和人谈话时，找出共同的话题，比如喜欢的运动、旅行或是文艺爱好等

能引起交谈双方共鸣的话题，的确有助于缩短彼此之间的疏离感。但是如果关于宗教、政治等敏感问题，除非是很亲密的友人，否则最好避免谈论这些话题，以免产生对立情绪。

另外，关于学历、家世等方面的问题也应该避免提起。如果对方很在意自己的学历或家世，这种谈论将会刺伤对方的自尊心，使他觉得受到伤害。也许你毕业于一流的高级学府，拥有足以自傲的学历，让你能够侃侃而谈，但是在人群中谈话，或与他人初次见面时，仍应尽量避免谈论对方的学历；假如你已经脱口而出，也要仔细观察对方的反应，对方若面有难色，不愿多谈，你就必须转移话题，避免让对方觉得不受尊重。

优雅的谈吐就像整洁的仪表，会使人觉得十分愉快。如果你习惯了运用高尚文雅的辞令，即使偶尔开个玩笑，说些俏皮话，对方仍旧能够感受到你内在的涵养气质，而乐于与你交谈。相反，如果你行为举止粗鲁，满口粗话，则会让对方认为和你谈话是件辛苦的事，甚至浪费时间。因此，平时应该练习谈话的技巧和优雅的举止，方能给他人留下良好的印象。

第二章
用谈话技巧说服人

话说得好，与人交往可以畅通无阻；语说得不好，不但人际沟通会出现障碍，还可能产生隔阂，甚至招来怨恨，这就需要用技巧说服人。认真构思，事先把各环节想清楚，谈话中能够针对实际情况灵活应变。

　　德皇威廉二世派人将一艘军舰的设计图交给一个造船界的权威，请他评估。他在所附的信件上告诉对方，这是他花费了多年的精力和心血才研究出来的，希望他能仔细鉴定。

　　几周后，威廉二世接到了那位权威人士的报告。里面附有一叠从数字推论出来的详细分析，文字报告是这么写的："陛下，非常高兴能见到一幅美轮美奂的军舰设计图，能为它做评估是在下莫大的荣幸。可以看出这艘军舰威武壮观、性能超强，可说是全世界前所未有的海上雄狮。它的超高速度举世无双；武器配备也可说是独一无二，配有世上射程最远的大炮和最高的桅杆；舰内的各种设施，将使全舰官兵如同住进豪华旅馆。这艘举世无双的超级军舰只有一个缺点，那就是如果一下水，马上就会像只铅铸的鸭子般沉入水底。"

　　威廉二世看了这个报告不禁笑了，最后大手一挥，放弃了他的造舰计划。

　　其实，这位造船界的权威人士的意思就是说皇帝提供的军舰设计图一无是处。但如果他直言不讳地告诉皇帝："陛下，您的设计图一无是处，只是一个空架子。"结果会怎么样呢？不言而喻。所以，同样的说话意图，不一样的说法，效果截然不同。可见，掌握谈话技巧是多么的重要。

说服人是一门艺术

矛盾是普遍存在的，人际交往中也不例外。解决矛盾，一般都通过说服，只有当说服无效，矛盾日益激化，才会采取其他手段处理问题，但仍然需要以说服作为辅助手段。说服不限于思想教育工作，传播知识、治疗疾病、经济谈判等，都离不开说服。即使是志同道合的挚友之间，也不可能对所有事情的观点完全一致。交谈的各方若要达成一致，就需要做好说服工作。说服工作处处有、经常有，它的应用范围极为广泛。

教师、医生、律师、推销员、宣传员、外交官等，天天都在做说服工作，一生都不断地说服他人，说服人是有规律的，是一门艺术。

1. 说到点子上

有时候，说服他人并不在于你是否滔滔不绝，说了多少话，而是要看能不能说到点子上，只有一针见血，才能立竿见影，使人口服心服。大凡能服人的那种一语道破的话通常具有以下几个特点：

首先，要针对性强。这是说一定要找准说服对象的思想症结，对症下药，说到点子上，才能产生显著的说服效果。

另外，要直冲要害。这是指说服语言应语句短促，语意明确，语气恳切，旗帜鲜明，一针见血，有响鼓重槌之妙。

其次，要有震撼力。通常指涉及重大原则和立场，特别是对方切身利益等问题的话，一出口必定能给对方重重一击，震撼对方的心灵，促其权衡掂量，分析利弊，最终取其利而从之，做出正确的选择，产生豁然开朗的效果。

当然，能出口见效的话并不是随便道来的，它必定经过了人们的思索，是语言的精华，是点石成金的思想催化剂。所以，为了提高说服效果，应下工夫寻找能说服人的那一句话。

2. 委婉用语

无论你要告诉别人何种事实，千万别一开口就说："我可以向你保证……"因为它给人的感觉，就像是在说："我懂得比你多，我告诉你的全是实话，听我的准没错。"

这种口吻，无异是在向对方提出一种挑战，引发他持反对意见的冲动，恨不得不等你开口，就设法将你驳倒。

所以，如果你真要证实某件事，千万别让人事前有所察觉，而是巧妙含蓄地，在他人不知不觉的情况下进行。要想教人，先得做到不让对方感觉你是在教他。对方不懂的事，你也得设法让对方觉得他只是忘了，并非完全不懂。

如果某人提出一套你认为不正确的论点，就算你确定所言不实，也最好别一语道破，而是改换一种口气说："对不起！我的看法与你不尽相同。当然，我也可能犯错，如果我真错的话，我很乐于接受你的指正，咱们不妨就此事一起讨论看看。"

上述这种委婉的说法，保证会带给你意想不到的好处。天底下绝不会有人因为说"我可能是错的，咱们不妨讨论看看"而对你起反感。相反的，如果你一知道对方犯错，就毫不留情地一语道破，结果往往适得其反。

3. 动之以情，晓之以理，衡之以利

对于多数平日没有深刻理论思维习惯的人，以事比事，将心比心，运用其自身或熟人的经验教训，再加上感情色彩浓厚的语言，绘声绘色地诉说，易令人感到亲切可信，引发情感上的共鸣，从而为接受道理扫清了障碍，铺平了道路。这就是动之以情。

晓之以理，就是讲道理。简单的事情、小道理，一两个典型事例，再加上简明扼要的分析，把道理说清道明。

复杂的事情，大道理，涉及多方面的因素，触动一点就牵动全局。必须全方位、多层次、多角度地开展一系列说服工作，从多方面

展开心理攻势，并以严密的逻辑推理，从而水到渠成地得出结论。这个结论不宜由自己单方面推断出来，最好以征询的口气引导对方一起推理，共同探讨。让他把你的意见、主张，当作自己寻求的答案，自愿接受，自动就范。这样的说服更高明。因为对于自己思考得出的结论，人们更坚信不疑。

晓之以理，要满怀信心，争取主动，先取攻势；要运用委婉、商榷的语气，切忌盛气凌人、以势压人。否则，只会给说服工作增加难度。

晓之以理，还要结合动之以情，通情才能达理。

所谓衡之以利，就是权衡利弊得失，讲清利害关系。

那些实惠观念很强的人，情难动他，理难服他，唯有"衡之以利"是切实有效的一招。且不论对国家、对社会的利害，单从个人实实在在的得失考虑，他也会趋利避害，接受你的说服。那些重情义、明事理的人，并不过分讲究实惠，但你仍要设身处地充分考虑到对方的切身利益和实际困难。在此基础上说服，才称得上是真正的通情达理，也更令人心悦诚服。

4. 激将法

刘备被追赶得走投无路，唯一的办法是联吴抗曹。但曹操势力庞大，孙权虽有大志，但忌惮曹操势力，一时间还不想和曹操撕破脸。这个时候，孔明主动要求出使东吴，说服孙权。

孔明到了东吴对孙权说："值此天下大乱之际，将军屯兵江东，刘备雄踞汉南，分别与曹操争霸天下。如今曹操兵多势大，声威远播，而刘备已陷入困境。如果将军以为贵国的兵力足以抵抗曹操，最好立即与曹操断交，决一雌雄；如果认为敌不过曹操，就干脆献出武装，向曹操俯首称臣才是。"

　　孙权听了，怒气冲冲地反问："如果真的像你说的那样，刘备又为何不向曹操俯首称臣呢？"

　　孔明复问："将军可听过田横的故事？田横是齐国壮士，因讲义气，不臣事汉高祖，最终自杀殉国。况乎刘备，他不仅是汉室的后裔，并有各路英雄仰慕其才能，云集在其麾下。这种人怎么能臣事曹操呢？"

　　经孔明这么一煽动，孙权大叫道："本人拥有一大片国土和十万大军，决不受曹操的控制！我决定同他对抗到底。"

　　孔明的一番话，正是针对孙权具有强烈自尊心的特点，采用了激将法，给孙权的自尊心以猛烈的震撼。结果，说服了孙权与刘备联军，合击曹操，终于爆发了三国时期最大的一场战争——赤壁之战。此战将刘备从困境中解脱出来了。

　　5. 限定选择，逼人就范

　　心理学家做过这样的实验：向一个毫无准备的人突然发问："请问今天是几号？"他或许能够准确无误地答出日期——比如说 19 号。但如果改问："今天是 8 号还是 18 号？"他就很可能做出发问者预期的回答："好像是 18 号。"

　　这个实验显示：如果把大前提故意绕开，将选择范围缩小，用具体的选择项"逼迫"对方，使之产生"二者必居其一"的错觉，这时他们会出现"即使是错误的选择也不得不选"的心理。这在心理学上称为"错误前提暗示"。从这个实验我们可以得出"限定选择，逼人就范"的说服技巧。

　　采用这种避实就虚的战术，转移对方的注意，使之产生错觉，以为"要不要做"的问题已不存在，要解决的只是"怎样去做"的问题了。一旦他选择了你提供的方案中的一项，那么，就可以趁热打铁，你的希望就会变成他的行动。

6. 诱导

诱导，就是有次序地、耐心地诱发、引导对方思考，让人真正想通、弄懂。以诱导技巧说理，尽管会多费一点口舌，但能使对方心悦诚服，这些口舌也就很有价值了。

战国时，秦国大兵进犯赵国，赵国请求盟国齐国出兵解围。但齐国一定要赵太后最宠爱的小儿子长安君做人质，才肯出兵。赵太后舍不得儿子，不肯答应，于是文武大臣轮流劝谏。赵太后生气了，她扬言谁再劝谏，就吐谁一脸口水。

这时候，触龙出马了，他先问候太后身体是否安康，饮食是否称心。然后说，他这次来见太后的目的是希望太后答应让自己的小儿子出任宫廷侍卫，以免自己死后没有人照顾他。然后触龙和太后就"男人女人谁更疼爱孩子"的问题展开讨论。通过讨论，触龙逐步让赵太后明白，她虽然很爱小儿子长安君，但是她为儿子的将来考虑的太少，导致儿子身无寸功，将来无法在赵国存身。太后想明白了这些问题后，就主动派人把小儿子长安君送到齐国做人质，来换取对方出兵给赵国解围。

在这里触龙说服赵太后所采取的方法就是诱导。诱导技巧的关键在"诱"字，立足在"导"字。要诱得巧妙，导得自然，应做到四点：

首先，要有目的地诱。要有明确的说服目的，有的放矢，所有的诱导内容，都为总目的服务。触龙的目的就是让太后答应让长安君去齐国做人质。

其次，要有步骤地诱。既有总体设计，又有分步计划。每一步怎样诱导，怎样发问，谈话前都要经过深思熟虑，胸有成"话"。这样，环环紧扣，步步深入，最后，矛盾突现，诱使对方在无法解决的矛盾面前自我否定。触龙就是借助"替自己的儿子"求前程这事，一步步瓦解太后对他的戒心，最终把太后引到自己的圈套中来。

另外，在每步诱导中，对方会怎样讲，可能有几种讲法，怎样随机应变，都要有所预料。这样才能避免使自己的诱导变成"哑炮"，一个人唱独角戏。要诱导出对方的话，开启其思路，就要预先有个通盘打算。

总之，用诱导技巧说服人，要认真构思，事先把各方面的环节想清楚，谈话中又要针对实际情况，灵活应变。

攻其之所必救

对于大家都同意的事情，你若有不同意见，除了设法说服大家外，别无其他途径。这个时候，也是最能考验一个人说服能力的机会。如果说服不了大家，硬着头皮反对某件事情，或者某个计划，可能会使人对你不满，甚至怀恨在心，仇视你，最终使你被孤立起来。你当然不愿意看到这种局面。那么，有没有办法避免这些额外的困扰呢？其实，说服也是有秘诀的，只有说服力够强大，才会促使对方冷静思考你的观点。

美国一家贸易公司的经理设计了一个商标，开会征求各部门的意见。

经理报告说："这个商标主题是旭日，象征希望和光明。同时，这个旭日很像日本的国徽，他们国内的人民见了一定乐于购买我们的产品。"然后他征求各部门主任的意见。营业部门主任和广告部门主任都极力恭维经理构想得正确，最后轮到代理出口部主任出席的青年职员表示意见。他说：

"我认为这个商标不合适。"全室的人都瞪大眼睛看着他。

"为什么?"经理吃惊地问他。

"我倒不是不喜欢这个商标。"青年勇敢地回答。其实从艺术观点看他确实有点讨厌商标图案上那红圈圈,但他明白和经理辩论审美观是得不到什么效果的,只有换个方式去说服经理改变商标主题方案了。所以他又说:"我恐怕它太好了。"

经理笑了起来,"这话倒使我不懂,你解释看看。"

"这个设计鲜明而生动自然,毫无疑问,因为与日本的国徽相似,无论哪个日本人都是会喜欢的。"

"是啊,我的意思正是如此。"经理有些不耐烦地说。

"然而我们在远东还有一个重要的市场,那就是中国了。中国人看到这个商标,也未必不会想到这是日本的国徽,即使日本人喜爱这个商标,可是中国人却不会对它产生好感的。也就是说他们不愿意买我们的东西。照本公司的营业计划,是要扩充对华贸易的,但这样一个商标做成之后,结果必定是顾此失彼了。"

"天啊!我还真没有想到这一层,你的话对极了!"经理叫了起来!

这位青年如果和其他人一样支持经理的方案,让旭日做成商标,将来产品销到远东之后,中国方面的营业额一定会令人大失所望。

要否定一个人的方案,你必须要有充分的理由,更要说得使其完全信服,所以技巧的运用,不能不讲究。案例中那位青年在说服经理时就很委婉,用一句"我恐怕它太好了"的恭维话先填平了经理的不悦,同时也不使他失去体面,后来他更是利用了经理急于打开中国市场的迫切心理,从经理的商标方案会引起中国人的反感,导致该产品在中国市场销量大降的可预见的结果出发,从而否定了经理的方案。这个就是"攻其之所必救"。

你要记住，说服别人接受你的观点，要"攻其之所必救"，同时语言要委婉一些，不要损伤他人的自尊心，不要使他人感觉屈服或难堪。你虽然否定了他的观点，还是让他依然自满和得意是最好的结果。

给对方找个台阶下

清朝著名的政治家、文学家纪晓岚颇受乾隆皇帝的赏识和重用。

有一次，乾隆皇帝想和纪晓岚开个玩笑，于是便问他："纪卿，'忠孝'二字作何解释？"

纪晓岚答道："君要臣死，臣不得不死，是为忠；父要子亡，子不得不亡，是为孝。"乾隆立刻说："那好，朕要你现在就去死。"

纪晓岚磕头遵旨，然后匆匆跑到后堂。不一会儿，他全身湿淋淋地回到乾隆皇帝跟前。

"我到了河边，正要往下跳时，屈原从水里向我走来，他说：纪晓岚，你此举大错矣！想当年楚王昏庸，我才不得不死，可如今皇上如此圣明，你为什么要死呢？赶紧回去吧！"

乾隆听后，放声大笑，免了纪晓岚的死罪。

虽然皇帝让大臣去死，明显是个玩笑话。但皇帝金口玉言，说过的话不可能马上收回，但大臣又不能因为皇帝一句戏言就真的去死。那么，怎么说服皇帝忘了或者无视前面说过的戏言就成了生死攸关的大事。故事中纪晓岚借古代高人之口，给皇帝拍了一个大大的马屁，不动声色让皇帝主动收回了之前的戏言，逃过一劫。

还有一个故事：据说英王乔治三世有一次到乡下打猎，中午时感觉肚子有些饿了，就到附近的一家小饭店点了两个鸡蛋暂时充饥。

吃完鸡蛋，店主拿来账单。乔治三世瞄了一眼仆役接过来的账单，很愤怒地说："两个鸡蛋要两英镑！鸡蛋在你们这里一定是非常稀有吧？"

店主毕恭毕敬地回答："不，陛下，鸡蛋在我们这里并不稀有，国王才稀有。鸡蛋的价格必然要和您的身份相称才行。"

乔治三世听完不由哈哈大笑，让仆役付了账离去。

因为惹得龙颜大怒，店主本来完全有可能一命呜呼，但他巧妙地为鸡蛋价格高找了一个借口——国王稀有，结果不仅保全了性命，还得到了高额的收入。

巧用身体语言

成功的社交口才，既要有动人的谈吐，又要有得体的表情动作，方可趋于完美。语言较多地显示着内在的思想和智慧，举止则更多地显露着外在的风度和形象。恰当地调动姿势和动作来帮助自己说话，会使你的表达更加富有魅力和说服力。

身体语言能弥补有声语言的不足，它通过有形可视的、具有丰富表现力的各种动作和表情，协助有声语言将内容准确无误地表达出来。视、听双管齐下，能给听者完整、确切的印象，辅助有声语言可以更好地表情达意。

要巧用身体语言，首先，要懂得如何设计完美的身体语言。

在日常生活中，人们的举手投足，一颦一笑，无不传递着大量的信息，显露出主体的思想感情、爱憎好恶和文化修养。身体语言的设计和运用能使谈话声情并茂、形神皆备，使谈话者风度翩翩、仪态万方。

1. 你会坐吗

除了演说之外，人们说话时多半是坐着的。有的人喜欢坐在中间，让大家围坐在自己身边；有的人喜欢坐在会场的角落，不让别人注意到自己。其实，最好的座位是面对听众，让大家清清楚楚地看见自己。坐的时候，姿势要自然，而且要保持端正，切不可斜靠在椅中，或者盘腿，或者把手臂搁在椅背上，这样都会引人轻视，这些都必须时时注意。

2. 不可忽略的腿

不论坐着站着，腿部常常呈现出这样三种姿势：两腿分开、两腿并拢和两腿交叉。两腿分开是一种开放型姿势，显出稳定、自信，并有接受对方的倾向；两腿并拢的姿势则过于正经、严肃；两腿交叉是一种防御性姿势，往往显得害羞、忸怩、胆怯，或者随便散漫。

还有一种架腿的姿势，就是常说的跷二郎腿。这种姿势通常是控制消极情绪的人体信号，颇有不拘礼节的意味，对于女性来说，这是一种不可取的姿势。

说话时，最好采取两腿分开的姿势。站立时，两腿张开，两脚平稳着地成"丁"字形或平行相对，或一前一后，躯干伸直，不要屈膝和弯腰弓背，否则显得消极懒散，无精打采。坐宜端坐，即两腿稍稍分开，间距不超过肩宽，女性更要注意两腿不可过分分开，腰板轻松地挺直，这样显得自然、从容，情绪饱满。

3. 举放自如的手

当发表意见时，手部如何安放是特别值得留心的。最好是把它们忘掉，让它们自然垂落在身体的两边。如果你觉得它们讨厌而累赘，插在衣袋里或是放在背后也可以。总之，能让你的情绪平和就可以了，不要过多注意它们，更不必顾虑听众会留意你的手部动作。

如果在说话时将注意力集中于真情的流露，两手也会成为你表达意思的工具，会帮助你说话。在需要时，它们会自然地举起来，或放下去。不过，千万不要故意把手交叉在胸前，更不可勉强扶在讲桌上，这样就会使你的身体不能自由行动。若用手玩弄自己的衣服，听众会因此转移注意力，而你自己也会因此显得轻浮，不够庄重。

4. 传情达意的表情

表情，即面部表情，主要是脸部各部位对情感体验的反应动作。它与说话内容的配合最便当，因而使用频率比手势高得多。

常用面部表情的含义有：点头表示同意，摇头表示否定；昂首表示骄傲，低头表示屈服；垂头表示沮丧，侧首表示不服；咬唇表示坚决，撇嘴表示藐视；鼻孔张大表示愤怒，鼻孔朝人表示轻蔑；嘴角向上表示愉快，嘴角向下表示敌意；张嘴露齿表示高兴，咬牙切齿表示愤怒；神色飞扬表示得意，目瞪口呆表示惊讶，等等。

5. 会说话的眼睛

交谈时，要善于同别人进行目光接触，这既是一种礼貌，又能帮助维持一种联系，谈话在频频的目光交流中可以持续不断。更重要的是眼睛能帮你说话。

交谈中不愿进行目光交流的人，往往叫人觉得是在企图掩饰什么或心中隐藏着什么事；眼神闪烁不定则显得精神上不稳定或性格上不诚实；如果几乎不看对方，那是怯懦和缺乏自信心的表现，这些都会妨碍演讲。当然，和别人进行目光交流并不意味着老盯着对方。

研究表明，交谈时，目光接触对方脸部的时间宜占全部谈话时间的30%～60%，超过这一界限，可认为对对方本人比对谈话内容更感兴趣；低于这一界限，则表示对谈话内容和对方都不怎么感兴趣。这在一般情况下都是失礼的行为。

但是，集会中的独白式发言，如演讲、做报告、发布新闻、产品宣传等则不一样，因为在这些场合，讲话者与听众的空间距离大、视野广阔，必须持续不断地将目光投向听众，或平视，或扫视，或点视，或虚视，才能跟听众建立持续不断的联系，以期收到更好的效果。

身体语言在说话过程中具有特殊的表达功能。但它毕竟只是完成表达任务的手段，而不是说话所追求的最终目标。对于口才来说，身体语言并没有独立价值，而只有辅助价值，在谈话过程中处于从属地位。正是这种从属地位，决定了身体语言的设计和运用，必须由表达的内容、情绪和对象等因素的特点来决定。

交谈中的插话技巧

在交谈过程中应该如何插话，才能有助于达到最佳的交际效果呢？通常有以下几个方法：

当对方在同你谈某事，因担心你可能对此不感兴趣，而显露出犹豫、为难的神情时，你可以伺机说一二句安慰的话。

"你能谈谈那件事吗？我十分想了解。"

"请你继续说。"

"我对此也是十分有兴趣的。"

此时你说的话是为了表明一个意思：我很愿意听你的叙说，不论你说得怎样，说的是什么。以消除对方的犹豫，坚定其倾诉的信心。

当对方由于心烦、愤怒等原因，在叙述中不能控制自己的感情时，你可用一二句话来加以疏导。

"你一定感到很气愤。"

"你似乎有些心烦。"

"你心里很难受吗?"

说这些话后,对方可能会发泄一番,或哭或骂都不足为奇。因为,这些话的目的就是把对方心中郁结的一股异常情感"诱导"出来,当对方发泄一番后,会感到轻松、解脱,从而能够从容地完成对问题的叙述。

值得注意的是,说这些话时不要陷入盲目安慰者的误区。你不应对他人的话做出判断、评价,说一些诸如"你是对的""他不应该这样"一类的话。你的责任不过是顺应对方的情绪,为他输导负面情绪,而不应该趁此机会"火上浇油",强化他的抑郁情绪。

当对方在叙述时急切地想让你理解他的谈话内容时,你可以用一两句话来"综述"对方话中的含义。

"你是说……"

"你的意见是……"

"你想说的是这个意思吧……"

这样的综述既能及时地验证你对对方谈话内容的理解程度,加深对其的印象,又能让对方感到你的诚意,并能帮助你随时纠正你理解中的偏差。

以上三种交谈中的插话技巧都有一个共同的特点,即不对对方的谈话内容发表判断、评论,不对对方的情感做出是与否的表示,始终持一种中立的态度。不过,有时在非语言传递信息中你可以流露出你的立场,但在语言中切不可有此举动,这是一条重要原则。如果你试图违反这个原则,就可能会陷入沟通误区,从而使一场谈话失去了方向和意义。

找出对方的兴趣点

一名美国记者访问肯尼迪时，第一句话是"我看您还真像个人文主义者"。这句话一下子便引起了肯尼迪莫大的兴趣，破例与这名记者长谈了将近两个小时。

另一个例子，有一次，从事童军教育工作的爱德华·查利弗先生，为了赞助一名童军参加在欧洲举办的世界童军大会，急需筹措一笔经费，于是他前往一家当时美国数一数二的大公司，拜会其董事长，希望董事长能解囊相助。在这之前，爱德华听说那位董事长曾开过一张面额100万美金的支票，后来那张支票因故作废；他还特地将之装裱起来，挂在墙上供作纪念。

爱德华踏进董事长的办公室之后，立即针对此事，要求参观一下他这张装裱起来的支票。爱德华告诉他，自己从未见过任何人开过如此巨额的支票，很想见识见识，好回去说给那些小童军们听。董事长毫不犹豫就答应了爱德华的请求，并将当时开那张支票的情形，详细地解说给爱德华听。董事长说完他那张支票的故事，未等爱德华提及，就主动问他："对了，你今天来找我，是为了什么事？"于是爱德华就一五一十地说明来意。

出乎爱德华意料之外，董事长不但答应了他的要求，而且还答应赞助5名童军去欧洲参加童军大会，并负责全部开销，另外还亲笔写了封推荐函，要求欧洲分公司的主管，提供爱德华一行所需的一切服务。

当时爱德华若非事前知道董事长的兴趣所在，一见面就投其所好，引他打开话匣子，事情恐怕就没那么顺利了。

又例如，眼前有个陌生人手里拿着一份报纸，你如果想结识他，便可以以报纸为媒介，对他说："先生，对不起，打扰一下。请问您手里拿的是什么报纸？有什么重要新闻吗?"如此一来，就开启了双方对话的话头。

能说会道，在人际往来中如鱼得水的人，往往在与他人接触的一瞬间，就能找到双方感兴趣的话题，从而引发起交谈的兴致。在人际交往中，能用来接近对方的话题可说是俯拾即是，关键是要善于根据特定的情境去发掘，并恰到好处地运用。除了投其所好、寻找对方感兴趣的话题外，与之相类似的还有"借助媒介法"，即以一定的物和事为媒介，当作引发交谈的"因子"，比如上述陌生人手中的报纸。

赞美一样大家都知道的东西，说说自己对某件普遍受关注事情的感想，也是打开话匣子的好办法，因为人人都能表达自己的意见，由此可以探出对方的兴趣和爱好，然后拓展谈话的领域。如果你找对了对方的兴趣点，那你的目的也就很容易达到，并且能取得事半功倍的效果。

设计脱俗的告别语

现在，"再会"之类的告别语千篇一律，太俗太空，要努力设计能给对方留下深刻印象的告别语。

一般而言，交谈的收尾方式有以下几种：

1. 关照式收尾

"刚才我讲的一些话，是一些不成熟的看法，我觉得不必让他人知道，请你不要传出去，以免引起麻烦……"

"小张，我要讲的都讲了，全是心里话。有关小王的事你千万不要告诉别人，不然会闹出大乱子来的。"

这种收尾方式，是交谈双方说完了自己的思想、意见或流露了某些内心意向之后，觉得谈话中的有些话和问题带有范围性、对象性、保密性和重点性，当交谈即将结束时，就关照对方不要将其中的某些话张扬出去。或关照哪些问题是重要的时，就应该说明。

这种关照式收尾，有一种提起注意、防患于未然和强调重点的作用，能使被提醒的一方增强"使命感""责任感"。

2. 征询式收尾

交谈行将完毕，主谈者根据自己的"谈话使命"，综合"交谈情况"——即目的与交谈后的吻合情况向对方征求意见、说明、要求或建设性的忠告、劝诫等，这就是征询式收尾。

"xx，随着我们接触的增多和了解的深入，你一定察觉出我有许多缺点，你觉得我最糟糕的'毛病'是什么？希望你下次开诚布公地提出来。"

"xx，我不懂得'恋爱艺术'，我只想对你说一句话，在你面前的这个人，他愿意爱你一辈子，不知你的想法怎样。"

当你与下属交谈工作结束时，你应说："你还有别的什么要求和意见吗？""你生活上还有困难和要求吗？只要有可能，我们将尽力帮助解决……"听者也应同样征询对方："除了工作之外，你对我还有其他意见和看法吗？如果现在想不起来，日后尽管提，我是不会计较别人对我提意见的方式的……"

在交谈艺术中，征询式的收尾往往给人以谦逊大度、仔细周到和深沉老成的印象。运用征询式的收尾，对方听了无疑有一种心悦诚服、倍感亲切、心心相印的感觉，从而取得融洽关系、有利于事业进展的良好效果。

3. 道谢式收尾

道谢式收尾，在交谈艺术中具有较强的礼节性，它的基本特征是用讲"客气话"作为交谈的结束语和告别话。道谢适用的场景和对象是最广泛的，无论是上下级、同事、亲朋还是熟人、邻舍以及初交者之间都是适宜的。

如果一次同志式的思想启迪性交谈行将结束，从谈者可用"听君一席话，胜读十年书""你对我学习上的帮助和生活上的关怀，我感激不已"结束。

"赵先生，在您的悉心指导下，我明白了自己的责任，我一定按您的指教去做。谢谢您了，再见！"

4. 祝愿式收尾

这种收尾方式的特点是，不仅具有较强的礼节性和情趣性，而且还具有极大的鼓动力，如再加上适当的口语修辞，它的效果无疑会非常显著。如："再见吧，路上保重。祝你一帆风顺！"

"时间不等人，生活就是拼搏，抓紧时间抓紧干，就等于延长生命。我祝愿你是这样一个人，再见！"

"一个伟大的男子就应该具有不凡的气概。只有经得起磨难，才能砥砺出刚强的锋芒……让我们都成为这样的男子吧！再见！"

结束交谈的表达方法多种多样，只要我们能够驾驭情境，正确审视对象，选择得当的话语，交谈结束时，不仅会非常得体、有趣，而且还会余韵犹存，感人至深。

5. 归纳式收尾

归纳式收尾，通常在上下级之间非正式性的交谈，或同志间或亲朋间工作性交谈中使用。

主谈者："小马，我今天谈的主要问题，一是咱们团委对新形势下出现的一些问题如何做出正确的估计和怎样引导、转化；二是关于共青团发展工作的经验，我们得好好总结一下。这是局团委要求我们马上做的，这两件事，我事先同你打个招呼，我们都考虑一下……

丁明，听了你的情况介绍后，我觉得问题的关键是第一点，我们是做他人思想工作的，如能统一人心，其他问题也就迎刃而解了……"

亲朋之间则可以这样进行："表弟，我刚才谈的三件事，你一定得一件件去落实，我等待着你成功的喜讯……再见。"

无疑，交谈中的归纳式收尾，由于条理清晰，中心突出，重心再现，这样对方交谈的目的和内容，双方的思想和意见就能清楚交流，收到言简意赅、重点突出、明朗爽快的效果。

6. 邀请式收尾

邀请式收尾的基本特征是运用社交手段向对方发出礼节性邀请或正式邀请。前者的效用体现了"客套式"所需的礼仪；后者则表现了友谊的生命力。

如"客套式"邀请："如果您下次路过北京，请到我们家来做客。再见！"

如正式邀请："今天我们就说到这里吧，后天下午 5 点钟请你到我们家吃顿便饭，那时我们再长谈吧。再见！"

上述这两种邀请式收尾语，在社会交际中都是必不可少的。"客套式"邀请也是一种礼节；正式邀请更是一种友好和友谊的表示。运用这种结束语，无疑是符合社交礼仪的。

第三章
成功表达有章可循

当你遇到棘手的问题时，用什么方法才能轻松自如地化解、巧妙地回答呢？当对方火冒三丈时，你能不能三言两语就消除对方的怒气呢？怎样才能既坚决地拒绝别人，又不得罪对方，反而还能增进双方的感情？你说话时能语惊四座、魅力四射吗？只要你耐心地揣摩下面介绍的成功经验就可以做到。

有一次，一位外交官应邀参加了一场舞会。舞会上，与他跳舞的法国女郎突然问："请问先生，您是喜欢中国小姐，还是喜欢我们法国小姐？"这个提问很突然，也很刁钻。如果回答喜欢法国小姐，显得少了点民族尊严；如果回答喜欢中国小姐，显然也不够礼貌，怎么办？这位外交官微微一笑，彬彬有礼地回答说："凡是喜欢我的小姐，我都喜欢。"法国小姐满意地笑了。

法国小姐的发问，是一个两难提问，因为她把小姐分为"中国小姐"和"法国小姐"——这就是逻辑学中的"划分"技巧。无论外交官回答喜欢"法国小姐"还是"中国小姐"，都不是理想的答案，因此这是一个颇难回答的问题。

但聪明的外交官却灵活地运用了改变划分标准或角度的方式来应答。即你把小姐分为"中国小姐"和"法国小姐"，我就变通一下，把小姐分为"喜欢我的"和"不喜欢我的"，这样，就机智地回答了这道难题。

幽默的力量

幽默的言辞往往是人际关系最佳的润滑剂。它能平息对方的怒气，让紧张的现场气氛转向缓和。一项非正式的调查报告显示，大多数女性在选择伴侣时都会考虑男士的"幽默度"，可见幽默的人是广受欢迎的！那么，我们该怎样训练、培养自己的幽默感呢？

幽默感可能是与生俱来的，当然也是可以通过后天的学习养成的。

学习幽默，首先要积累幽默的素材。如果你没有即兴幽默的能力，不如多看一些漫画和笑话，从中体会幽默的感觉，学习欣赏幽默，久而久之，就可自己制造幽默，至少也可引用幽默的言辞为我所用。

其次，也可体会别人的幽默感，学习听懂笑话，然后模仿一番。敞开你的心胸，去接受各种不同的人和事物，这些人和事会在你的心中留下痕迹，成为幽默的酵母。

第三，是要保持愉快的心情，这是幽默感的"土壤"，如果你心情沉郁，老是想一些不快乐的事情，怎能制造出属于你的幽默感呢？

让自己成为一个幽默的人，同样需要掌握一定的方法技巧。幽默的方法也不少，如夸张、讽刺、反语、双关等手法，都可以达到一定的幽默效果。常用的有下面几种：

1. 自我解嘲法

以健康的心情主动开自己的玩笑，这是公认的最幽默，也是最难做到的，如果做到了，表示你已具备了幽默的最大特质。宁可将众人的快乐建筑在自己的痛苦上，也不要把自己的快乐建筑在别人的痛苦上。

自嘲是一种拉近自己和他人之间距离的好方法。懂得自嘲技巧的人，不留痕迹地表达了自己的谦虚，让别人不由自主地卸去了自己身上的武装。于是，就很容易和他人打成一片。

2. 夸大不实法

气死了！烦死了！忙死了！累死了！笑死了！渴死了！有的人每天至少要"死"上个三五遍，甚至更多。它所代表的不是真实的现象，但是却能表现情绪的"力道"。让你痛快，惹你发笑，这就是夸大！

熟悉了"夸大不实"的幽默方式，从此，你就不会再那么斤斤计较，从而变得豁达，并可以有效地训练自己细微的观察力，找到生活中值得发现和凸显的事物。

3. 戏言回避法

在戈尔巴乔夫召开的记者招待会上，一位美国记者问他："戈尔巴乔夫先生，我们都知道你是一位思想激进的领导人，可是，当你决定内阁名单时，会不会先和上头的重量级靠山商量？"戈尔巴乔夫一听，故意板起脸来回答："喂！请你注意，在这种场合，请不要提起我的夫人。"

在沟通遇到障碍时，可用戏言这样一种表达方法，扰乱对方的思考逻辑，让对方因为这个突兀的表达而糊涂，或产生错误的判断，这样一来自己就可以借机从容脱身，或是转移焦点，化解压力。

总之，开玩笑时，应善意逗乐，促进彼此的感情交流，而不是恶意取笑，占对方便宜。开玩笑必须分清善恶，把握尺度。

幽默的谈吐代表着人们开朗乐观的个性，是一个人聪明才智的标志，它要求有较高的文化素养。仅仅懂得了幽默方法还不足以表明富于幽默，就像有了毛笔却不一定能成为书法家一样，关键在于运用。

合理运用修辞技巧

　　20世纪，爱因斯坦创立"相对论"时，很少有人能读懂他关于"相对论"的著作。一次，有人要求爱因斯坦用最简单的话来解释"相对论"。爱因斯坦是这样解释的："你同你最亲爱的人坐在火炉边，一个钟头过去了，你觉得好像只过了5分钟；反过来，你一个人孤孤单单地坐在热气逼人的火炉边，只过了5分钟，但你却感觉像坐了一个小时。这就是'相对论'。"

　　爱因斯坦用日常生活中人们体验过的真切感受来解释高深玄妙的相对论原理，通俗明了，一听就懂，这就是语言运用中的修辞技巧。

　　"这是我的狗"与"这是我的爱犬"描述的是同一个事实，但前者是客观描述，而后者则是带有感情色彩的描述。上述两种情况中，前一类称客观性言辞，后一类称感情性言辞。所谓言辞"着色"，就是指以感情性言辞代替客观性言辞。

　　客观性言辞有准确、可靠的优点，但也有直白、单调等不足，因此，常常需要用感情性语言来弥补它的缺点。

　　谈话中常用的语言修辞主要有以下几种：

　　1. 比喻

　　在演讲和谈话中，恰当地运用比喻往往能收到意想不到的戏剧性效果。当对方以某种事例显示出难以理解的道理来刁难时，你就可以用比喻的事例显示另一种道理予以反驳。

　　法拉第最初发现电磁感应的重要原理时，有人嘲讽他："这个又有什么用处呢!"法拉第诙谐地说:"刚生下来的婴儿有什么用呢?"

比喻，作为口才表达的一种技巧，的确能够加强表现力。但是，在说话时必须运用得自然贴切，富于创造性，切忌滥用，否则，就会出现"比喻不当"，或落入俗套。

2. 比拟

有时，为了表达的需要，说话人有意识地把物当作人跟它对话，或用适合于人的动作来让物接受；或用适合于人的词语来修饰物；或用陈说人的方式来陈说物；或以物的身份进行自述的修辞格就叫作比拟。

比拟作为口才施展的一种技巧，它基于联想，富于启发性，而且又常常能把静态拟成动态，化抽象为具体。因此，在说话中恰当地运用它，会收到生动、具体的效果，有利于表达感情。

3. 借代

"学好 ABC，走遍天下。"把 ABC 看作外语的特征，借以代外语；"目不识丁"，借"丁"字代全部文字。

上述例子中，所借与所代之间，或以某种特征相关联，或与某一象征意义相关联，或具有某典型性的代表意义，或具有部分与全体的关系。这种不直接说出该人或该物，而用与要说的人或物有密切关系的其他事物来代替的修辞格叫作借代。

说话中灵活运用借代这种技巧，会使说话人的话语更生动，更能收到良好的效果。因为这不但说到了某人或某物，而且还把与某人或某物有密切关联的东西也说出来或暗示出来了。所以，这样的话更能诱发听众的联想，因而也就更能吸引听众。

4. 夸张

当描绘某人又矮又瘦时，人们说他像根"干豆角"；当描述发高烧时，会说烫得像"火炭"。这显然言过其实了。但是，别人听来并不觉得虚假，反而能加深印象，这就是夸张的技巧。夸张也有突出事物某一性质合理的地方，而且常常与比喻、比拟等技巧结合在一起，听话人心里自然有数。

夸张虽言过其实，但不同于浮夸和哗众取宠，更不是无中生有和信口开河。它必须以客观事实为基础，反映出客观事物的本质特征。

5. 双关

说话时，使用的每一个词或每一句话都有其特定的含义，有时，这种含义并不表现在这个词或这句话的字面意义上，而说话人要表达的意思恰好隐含在这个词或句子背后。这就是双关技巧。

形成一语双关的方法很多，最主要的是谐音法。

6. 对比

鲁迅在《战士和苍蝇》一文中这样说过："有缺点的战士终究是战士，完美的苍蝇毕竟不过是苍蝇。"这里，鲁迅把"战士"和"苍蝇"拿来比较，尖锐地讽刺了那些诬蔑革命者的可耻奴才，坚决支持了勇敢坚持革命的战士。

把两种不同事物或同一事物的两个不同方面放在一起相互比较，通过比较可使事物的性质、状态和特征等更加鲜明突出，并且鲜明地表现出说话人的立场和观点，这就是对比。

7. 模糊

模糊是说话人在说话时一种机智的回避，或者说是一种讲究策略性的说话方法。

在人际交往中，由于某种原因不愿意或不便于把自己的真实想法说给对方，这时，就可以用模糊语言应对，不仅可以帮你渡过难关，还可获得良好的效果。

在与人交谈中，有些话要尽量避免说死，以便留有回转的余地。否则，就会使自己处于被动地位。

但模糊的语言绝不等同于含糊其辞。前者是策略，后者是词不达意。还要注意，在一些特殊情况下，如需要说话人表明立场、观点和态度时，特别是在对敌斗争、大是大非面前，绝不能模棱两可，似是而非。在战场上，切不可使用模糊语言，以免贻误战机。所以，模糊法只能用作缓兵之计，不能经常使用。

8. 设置悬念

设置悬念，又称"吊胃口"。它是利用听者的好奇心理，先说出一个发人深省或出人意料的现象、结论，设一"关卡"，然后秘而不宣，让听者自我猜测或思考后才加以分析，和盘托出真情或道理的说话技巧。

怎样才能问得巧

一位教士做礼拜时，忽然熬不住烟瘾，便问主教："我祈祷时可以抽烟吗？"结果，遭到了主教的呵斥。其后，又有位教士，也发了烟瘾，却换了一种口气问道："我吸烟时可以祈祷吗？"主教莞尔一笑，答应了他的请求。

问话的方法不同，收效自然有高低之分。

高明的问话使人心中喜悦，能顺利地达到目的；而愚蠢的问话只会贻笑大方，甚至招人厌恶。

在酒馆里点菜时，向服务员咨询："今天的石斑鱼好不好？"这是句废话，因为他一定会说好，倘若你换一种问法："今天有什么好的海鲜？"那么，效果就完全不同，你就可以吃到新鲜的海产品了。

这两句问话会引起两种截然不同的心理反应。前一问句只有好或不好两个答案，为顾全店家招牌，服务员不能说不好，并且好不好的标准也没有固定模式。而第二种问话定义广泛，回答甚至可以是："今天没有什么好的海鲜，但今天信丰鸡又肥又嫩，值得一试。"另外，服务员见有人求教于他，自尊心得到了满足，自然会比较各种海鲜，给顾客推荐性价比最好的。

由此看来，问话事小，提问技巧却较难掌握。

怎样才能问得巧，首先，要选择恰当的提问形式。提问形式有多种：

1. 限制型提问

在香港茶室，因为有些客人喜欢在喝可可时放个鸡蛋。所以，侍者在客人要可可时必问一句："要不要放鸡蛋？"心理学家建议，侍者不要问"要不要放鸡蛋"，而要问："放一个还是两个鸡蛋？"这样提问就缩小了对方的选择范围。这种问话，显然可以多做鸡蛋生意。

这是一种目的性很强的提问技巧，它能帮助提问者获得较为理想的回答，减少被问者拒绝或不接受回答的概率。

2. 选择型提问

这种提问方式多用于朋友之间，同时，也表明提问者并不在乎对方的选择。如，朋友到你家做客，但不知他的口味，于是问："今天咱们吃什么？鲫鱼还是带鱼？"

3. 婉转型提问

一个小伙子爱上了一个姑娘，但他并不知道姑娘是否爱他，此话又不能直说，于是他试探地问："我可以陪你走走吗？"如女方不愿交往，她的拒绝也不会使双方难堪。

4. 协商型提问

如果你要别人按照你的意图去做事，就应该用商量的口吻向对方提出。如你要下属起草一份文件，把意图讲清之后，应该问一问："你看这样写是否妥当？"

回答要讲究的技巧

不但要问得巧，回答也要讲究技巧，只有这样才能有好的效果。

一般情况下，回答技巧主要包括以下几种：

1. 答非所问

答非所问是论辩中的一种回避战术。在某些状况下，当对方提出某些问题，自己基于某些原因不能不答，又不便做出直截了当的回答时，便可采用答非所问的战术，避实就虚，以非实质性的话将对方的锋芒引开，表面上好像已作答，其实，原本棘手的问题已经被另外一个无足轻重的问题所取代。有时候，答非所问可以避免许多尴尬。

有一次，作曲家勃拉姆斯参加一位年轻钢琴家举办的演奏会。年轻钢琴家为席勒的诗《钟之歌》谱了一首曲子之后，特地举办了这场演奏会。

勃拉姆斯在演奏会上聚精会神地倾听，显出一副极为陶醉的模样。于是年轻的钢琴家雀跃万分，演奏会一结束，他便喜滋滋地询问勃拉姆斯："阁下是不是很喜欢这首曲子？"

勃拉姆斯答非所问地笑着说："这首《钟之歌》果然是不朽的诗。"

勃拉姆斯很巧妙地避开了钢琴家的这个问题，委婉而有礼貌地表达了自己的真实想法：他很欣赏这首不朽的诗，但却不认为钢琴家的曲子水准有多高。

2. 无效回答

用一些没有实际意义的话去做非实质性的回答，叫无效回答。它包含有效性无效回答和纯无效回答两种。表面上看前者没有直接回答问题，实际上却有很深的内涵，需要对方去领悟；后者即从回答者的话语中找不出任何答案，多半是回答者不愿回答或不好回答。

某大学负责招生的工作人员到某市招收新生。有一位考生找到这位负责招生的工作人员，问："听说我的名字已登记入贵校的招生名册，请问我能被贵校录取吗？"

那位负责招生的工作人员笑了笑说："我们学校是要来招收一些新生，我的名册上已登记了不少考生名字，你的名字也记在上面了，能不能录取，请你去看报纸上我校录取新生的名单吧！"

这位招生办工作人员虽然回答了考生提出的问题，但仔细分析他的回答就能发现，其中并没有"能录取"或"不能录取"的答案，要想得到答案，只有到报纸上刊登的录取新生名单上去找了！

3. 间接回答

何谓间接回答？就是回答者针对提问者对某些尖锐问题的诘问，用巧妙的语言进行类比回答。

一次，丘吉尔去美国访问，一位反对他的美国女议员对他说："如果我是你的妻子，我会在你的咖啡里下毒！"

丘吉尔微微一笑，回答说："如果我是你的丈夫，我会喝了那杯咖啡。"丘吉尔用这种揶揄的口吻，间接回击女议员，比直接回答更有力度，令女议员十分难堪。

4. 以退为进

何谓以退为进？就是对答中，答者承认问者的话，然后予以适当回敬。

甲："你长得这么漂亮，怎么还没有找到对象呀？"

乙："是的，因为我挑得比你仔细。"

这两句对话，因问话的人咄咄逼人，语气尖酸又无顾忌，所以答话的人采取了先认可，而后回敬。这就叫以退为进。

5. 避难就易

宋徽宗写得一手好字，常为此询问大臣："我的字怎样？"大臣们也无不奉承地说："您的字好，天下第一。"

有一天，宋徽宗问米芾："米爱卿，我的字怎么样？"米芾是书法大家，书法胜过宋徽宗，如恭维皇帝第一，必然要委屈自己；如夸耀自己第一，又必然会使皇帝扫兴，这还真是个不好回答的难题。聪明的米芾灵机一动，说："臣以为在皇帝中，您的字天下第一；在大臣中，则微臣的字天下第一。"宋徽宗听了心领神会，不得不打心底佩服米芾的机智。

对那些难以正面回答的难题，不要正面硬碰，而要知"难"而避，从比较容易突破的方面做答，这是避难就易法的精髓，也是拒绝辞令中简单而机智的一种。

6. 围魏救赵

围魏救赵的方法就是不受对方提问的牵制，不跟在后面去回答问题，而是采取攻势，提出令对方头痛的问题，使其陷入自顾不暇的窘境，不得不放弃原来的提问。

例如，外交活动中这样的一次答问。

甲方："我想知道对于 xx 问题贵国采取的最后措施是什么？"

乙方："请阁下相信，我们最终是会解决这个问题的。而我倒真有点担心，如果贵国的反政府运动继续发展下去，贵国政府是否仍有维持现行统治的能力？"

乙方把甲方提出的问题搁置起来，另提出一个最令甲方头痛的国内反政府运动的问题，使其陷入无法回答的困境。这样，甲方提问所造成的攻势自行瓦解，乙方也就无须对原来的问题做出任何回答了。

7. 诱导否定

1972年5月27日凌晨，美苏关于限制战略武器的四个协定刚刚签署，基辛格就在莫斯科一家旅馆里，向随行的美国记者团介绍情况。一位记者问："美国有多少潜艇导弹在配置分导式多弹头？有多少'民兵'导弹在配置分导式多弹头？"

基辛格回答说："我不确切知道正在配置分导式多弹头的'民兵'导弹有多少。至于潜艇，数目我是知道的，但我不知道是不是保密的。"

一个记者急忙说："不是保密的。"

基辛格反问道："不是保密的吗？那你说是多少呢？"

这个实例，是用诱导的方法，诱使提问人陷入自我否定之中，解除了回答之难。

在对方提出问题之后，不马上回答，先讲一点理由，提出一些条件或反问一个问题，诱使对方自我否定，自动放弃原来提出的问题。

8. 以虚击实

一位记者问扎伊尔总统蒙博托说："你很富有。据说你的财产达到30亿美元？"表面上看来，这一提问好像是对他家庭情况的一般性提问，实则用意很深，完全是针对蒙博托本人是否廉洁而来的。这是一个极为敏感的政治问题，也很难回答，若矢口否认，别人不会相信；若照实说，显然不妥。那么，应该怎样回答呢？

蒙博托笑道："一位比利时议员说我有60亿美元，你听到了吧？"

这里，蒙博托没有就他是否拥有 30 亿美元一事直接做出正面回答，而是列举了一个更大的显然是夸张了的数字，以嘲讽的口吻反问记者，由此及彼间接否定了记者的提问。

这种战术，不仅能有效地避其锋芒，而且能有效地击"实"，即先退后进，以退为进，反戈一击，成功地实现完全否定对方论点的目的。

赞美之言的魔力

如果没有赞扬和鼓励，任何人都会丧失自信。可以这样说：我们大家都有一种双重需要，即渴望受别人称赞和称赞别人，真诚的赞美会感动每个人。

赞美之于人心，如阳光之于万物。在我们的生活中，人人喜欢赞美，这绝不是虚荣的表现，而是渴求上进，寻求理解、支持与鼓励的表现。爱听赞美，出于人的自尊需要，是一种正常的心理需要。交际双方在认识和立场上存在分歧时，适当的赞美会产生神奇的力量，化解矛盾，克服差异，促进理解，加速沟通。

善用赞美的魔力可以改善和润滑人际关系，让你大受欢迎。

赞美别人，仿佛用一支火把照亮别人的生活，也照亮自己的心田，这样有助于发扬被赞美者的美德和推动彼此友谊健康地发展，还可以消除人际间的龃龉和怨恨。赞美别人如不审时度势，不掌握一定的技巧，即使你是真诚的，也会好事变坏事。那么，怎么赞美他人呢？

首先，赞美要自然真诚。

当你见到一位其貌不扬的小姐，却偏要对她说："你真是美极了。"对方立刻就会认定你所说的是虚伪的违心之言。但如果你着眼于她的服饰、谈吐和举止，发现她在这些方面的出众之处并真诚地赞美，她一定会高兴地接受。

真诚的赞美是发自内心的；由衷地表露出来的，赞美的内容确实存在，不是虚假的。赞美的言辞通常亲切自然，表情和悦真挚。如果赞美他人时，面孔冰冷，或满脸讪笑，或阴阳怪气，对方八成会认为你在嘲弄他，是虚情假意，别有用心。这样的赞美就变味了。

其次，赞美要因人而异。

每个人都有希望，年轻人寄希望于自身，老年人寄希望于子孙。年轻人自以为前途无量，如果举出几点证明他的前途不可限量，他一定十分高兴，将你视为知己。如果称赞他父母如何了不起，他未必高兴，至少你要说他是将门之后，同时，称赞他及其背景，才合他的胃口。

有特点的赞美，比一般化的赞美可贵。任何一个人，有效的赞美，不是称赞他众所周知的长处，而应指出那蕴藏在他身上，既极为可贵又尚未引起注意的优点。这种赞美将开辟出对方智慧与力量的新领域，有助于他在攀登事业高峰的征途上，更进一步。

最后，多赞美小人物。

最需要赞美的不是那些早已功成名就的人，而是那些因怀才不遇而自卑的或身处逆境的人。他们平时很难听到一句赞美的话，一旦有人当众真诚地赞美，就会自尊心和自信心倍增，因此精神大振，大展宏图。所以，最有实效的赞美不是"锦上添花"，而是"雪中送炭"。

"我发现你很会利用时间，连三五分钟的空余时间你都不浪费。我就做不到这一点。"称赞对方最倾心、最专注、最得意而别人并不以为然的事情，是最能博取对方好感的。

赞美虽然有积极作用，但绝不是越多越好。因为对人施以赞美毕竟不是交际活动的最终目的，它不过是交际进程中的一种手段。因此，赞美之言不能滥用，应点到为止，而后要在和谐友好的气氛中迅速转入交际的正题，追求交际的成功。

不要滥用"情绪性的语言"

在语意学中，有些词语除了本身的词义之外，还具有表示感情、评价的附加意义。这种附加意义又带有感情色彩，它们同样能表明说话者对于某个人或某件事的评价和态度。

这类词汇一进入话语之中，便有着固定的褒扬或贬斥，显示出说话者的爱憎、好恶，也可以说是一种"情绪语言"。所以，我们在尽量使用同义替代方法，改用中性词语。

例如，人们以前常把人分为"先进"和"落后"，但"落后"一词带有强烈的情绪或歧视色彩，让人听了反感，这时，不妨改用"质朴或复古"替代，同样的意思，效果却大大不同。

因此，如果你不想得罪人，最好不要滥用"情绪性的语言"，否则，不如不说话，免得祸从口出。一旦你的情绪掺杂在语言当中，就会在无形中改变词语本身的含义，而偏向于褒义或贬义。在交际过程中，任何暴露自己感情色彩的做法都是对自己极为不利的，所以要在使用语言的过程中避免这类情况的出现。

第四章
谨慎交谈避免误区

会说话，小则自己愉悦，大则兴邦救国；不会说话，小则招怨，大则坏事。俗语说："祸从口出"如果说话不当心，就会招人之忌。但让人缄口不言，事实上是做不到的，那我们说话的时候，唯有留心谨慎而已。为了受到人们的重视，引起众人的兴趣，唯一的秘诀就是少说话，有时间静静思考，而让那些精彩的话语惊四座。

1825 年，沙皇尼古拉一世登基，立即爆发了一场由自由知识分子领导的叛乱，他们要求俄国现代化。尼古拉一世残酷地平定了这场叛乱，同时，判处其中一名领袖里列耶夫死刑。

行刑那天，里列耶夫站在绞首台上。绞刑开始了，里列耶夫一阵挣扎，绳索断了，他摔落在地上。当时，类似这种情况常常被当作是天意和上帝恩宠的征兆，犯人通常会得到赦免。里列耶夫确信他保住了脑袋后，便向着人群大喊："你们看，俄国人已经不懂得如何做好事了，甚至连制造绳索也不会。"

一名信使立刻前往宫殿报告绞刑失败的消息。尼古拉一世虽然十分懊恼，但还是提笔签署了赦免令。"事情发生之后，里列耶夫有没有说什么？"沙皇询问信使。"陛下，"信使回答说，"他说……在俄国他们甚至不懂得如何制造绳索。"

"既然这样，"沙皇说，"让我们证明事实与他说的恰恰相反吧！"于是他撕毁了赦免令。第二天，里列耶夫再度被推上了绞刑台——这一次绳索没有断。

请记住，话一旦出口，就无法收回。我们提倡拥有好口才，但提醒你时刻控制自己的言行，不要为了逞一时的口舌之快而为此付出沉重的代价。

言多必失，祸从口出

"宁可把嘴巴闭起来，使人怀疑你是浅薄，也不要一开口就让人证实你的浅薄。"这是一句值得大家牢记的名言。而一位美国艺术家曾经告诉他的朋友说："我学会闭上嘴巴后，获得了更多的威望和影响力。"

所以，在研究说话艺术时，首先要学会"少说话"。你也许会反驳："既然人人都要学少说话，那么，说话艺术就不必细加研究了。"其实不然，少说话固然是美德，但人们生活在现实社会中，只能"少说"而不能完全不说。既要说话，又要说得又少又好，这才是口才的艺术。

首先，言多必失。说得越多，显得越平庸，说出蠢话或危险话的概率就越大。

马西尔斯是古罗马时代一名战功赫赫的英雄，他以战神科里奥拉努斯的美名而著称于世。公元前454年，科里奥拉努斯打算角逐最高层的执政官以拓展自己的名望，进入政界。竞逐这个职位的候选人必须在选举初期发表演说，科里奥拉努斯便以自己十多年来为罗马而战留下来的无数伤疤作为开场白。那些伤疤证明了他的勇敢和爱国情操，人们深为感动，几乎每个人都认为他会当选。

投票日来临的前夕，科里奥拉努斯在所有元老和贵族的陪同下，走进了会议厅。当科里奥拉努斯发言时他不但傲慢地宣称自己注定会当选，而且大肆吹嘘自己的战功，甚至还无理地指责对手，还说了一些讨好贵族的无聊笑话。

他的第二次演说迅速传遍了罗马，人们纷纷改变了投票意向。

科里奥拉努斯落选之后，心怀不甘地重返战场，他发誓要报复那些投票反对他的平民。

几个星期之后，元老院针对一批运抵罗马的物品是否免费发放给百姓这个议题投票，科里奥拉努斯参加了讨论，他认为发放粮食会给城市带来不利影响，这一议题因而未决。接着他又谴责民主的首领，倡议取消平民代表（亦即护民官），将统治权交还给贵族。

科里奥拉努斯的最新言论激怒了平民。于是全城爆发了暴动，元老院迫于压力，终于投票赞成发放物品，但是，老百姓仍然强烈要求科里奥拉努斯公开道歉，才允许他重返战场。

于是，科里奥拉努斯出现在群众面前。一开始，他的发言缓慢而柔和，然而没过多久，他变得越来越粗鲁，甚至口出恶言，侮辱百姓！他说得越多，百姓就越愤怒，他们的大声抗议中断了他的发言。护民官商议判处他死刑，命令治安长官立即拘捕他，送到塔匹亚岩顶端丢掷下去。后来，在贵族的干预下，他被判决终生放逐。人们得知这一消息后，纷纷走上街头欢呼庆祝。

如果科里奥拉努斯不那么多言，也就不会冒犯老百姓；如果在落选后他能注意保护自我强大的光环，依然还有机会被推举为执政官。可惜他控制不住自己的言论，最终自食其果。

所以，我们要记住这样一个原则：在任何地方和场合，我们要尽量少说话，缄默是值得提倡的。如果非说不可，那么，你要注意所说的内容、意义、措辞、声调和姿势，以及在什么场合应该说什么话，怎么说才得体。其次，不知内情，就不要胡说八道。世界上没有十全十美的人，不可随随便便说人短处，或揭露别人的隐私。首先要明白，别人的事你知道的不一定可靠，也许还有你不知道的隐衷。你若将自己知道的片面现象贸然宣扬出去，难免会颠倒是非，混淆黑白。等到真相大白之时，已经是覆水难收了。

不要把谈话谈成僵局

你是否以为用争辩压倒对方，取得胜利，就会得到很大的益处呢？实际上，你所激发的怨恨与恶意，强过任何意见上的暂时妥协，并且会延续得比较久。尊重别人的意见，用间接的方式提出自己的意见，那么，你也必受人尊重，别人也会拥护你的主张。

公元前131年，罗马执政官马西努斯率军围攻希腊城镇帕伽米斯，他发现需要撞墙槌才能攻破城门。几天以前，他看到雅典船坞里有两支沉甸甸的船桅，便下令将其中较大的一根立刻送来。接到命令的雅典军械师认为，执政官想要的其实是较短的一根。于是与传达命令的士兵吵了起来，他觉得较短的比较适用，而且运送起来也比较容易，甚至画了一幅又一幅的图来表示自己才是专家。

于是，他毅然将较短的桅杆送了过去。他深信执政官会看出短杆比较有效，因而会公正地赏赐他。

等到短桅杆运抵时，马西努斯要求士兵解释，于是士兵描述军械师如何为短桅杆不停地争辩，但是，后来又承诺会送来较大的桅杆。马西努斯在盛怒之下已经无法集中心力攻城，他的脑中所想的只有这名傲慢的军械师。他下令立刻把军械师带到眼前。

　　几天之后，军械师抵达了，他很高兴能够有机会再一次向执政官解释为什么送来短桅杆。他滔滔不绝，说的还是同样的一套话，并表示在这些事务上听取专家的意见才是明智的，采用他送来的撞墙槌一定能攻击成功。不等他说完，马西努斯就命令士兵剥光了他的衣服，用棍子活活打死了他。

　　这名军械师是好辩者的典型，这种人到处都可以看到。人们都相信自己是正确的，因此喜欢争吵者很少能说服他人改变立场，一旦被逼到墙角，他们只会吵得更厉害，这显然是自掘坟墓。

　　所以当你和他人意见分歧时，最好预先表示自己同意对方的部分意见，缓和气氛，即使你和对方的意见相去甚远，冲突严重，也绝对不要表示没有商量的余地。别人真的错了，又不肯接受批评或劝告时，别急于求成，不妨往后退一步。否则，大家都固执己见，不但不会有任何进展，反而会伤害感情。

　　如果你善于谈话，一定要小心翼翼，不要把谈话谈成僵局，要以间接方式证明自己的想法是正确的。

彬彬有礼，不可无理

　　有些人喜欢翻来覆去地说一件已经说过多次的事情，也有些人会把一个土得掉渣的笑话当成新鲜的笑料。作为一位听众，此时，就要练一练忍耐的美德了。不能对他说："这话你已经说过多次了。"这样，会伤害他的自尊心。你唯一能做的就是耐心倾听，在心中想象他的记忆力不好，并真正同情他，而且他说话时充满诚意，你就用同样的诚意接受他的善意。但如果说话的人滔滔不绝而你又毫无兴趣，觉得不值得花费时间和精力忍耐，应该巧妙地停止他乏味的谈话，但千万注意，不可伤害对方的自尊心。最好的方法是不动声色地将话题引向对方在行而自己又感兴趣的内容。

在社交场合或与外宾谈话时，一般不要涉及疾病、死亡等不愉快的主题，不谈荒诞离奇、耸人听闻或者黄色淫秽的事情。对于女性，一般不要询问年龄和婚姻状况。所谓"见了男士不问钱，见了女士不问身"。不要径直询问对方的履历、工资收入、家庭财产、衣饰价格等私人生活方面的问题。与女士谈话不要说她长得胖、身体壮、保养得好等，对方不愿回答的问题不要追问，也不要追根问底。不慎谈到对方反感的问题时，应及时表示歉意，或立即转移话题。

与人交谈时要竭力忘记自己，不要老是没完没了地谈个人生活，你的孩子，你的事业。你要在交谈中给对方发表意见的机会，可以尽量去引导别人说他自己的事情，同时，你以充满了同情和热诚的心去听他的叙述，一定会让对方高兴，给对方留下最佳的印象。

另外，说话时，一定要注意用词，切忌尖刻难听。

说话尖刻的人，未尝不自知其伤人，而仍以伤人为快，这完全是一种病态的心理。第一，这种人有些小聪明，且颇以聪明自负，而一般人却不承认他聪明，因此他有怀才不遇之感。第二，这种人具有强烈的自尊心，希望别人都尊重他，偏偏没有这回事，因此他仇视任何人。第三，仇视的心理一直郁积在心里，始终找不到释放的机会，他又不知自身修养，于是只有四处寻找发泄的对象。因为刺激的方面太多，每个与他接触的人都会成为其发泄的对象。

这种人只会失败，不会成功，在家即使父兄妻子等亲人，也不会和他关系融洽；在社会上，别人则以眼还眼，以牙还牙，最终成为众矢之的。所以说，说话尖刻足以伤人情，而最终是伤自己。

人都有不平之气，若觉得对方言语不入耳，不妨充耳不闻；若觉得对方行为不顺眼，不妨视而不见。不必过分计较，更不要伺机嘲弄、冷言冷语，甚至指桑骂槐。快语伤人并无裨益，谈话无"礼"惹人反感。

自我吹捧，众矢之的

在浩渺无边的谈话题材中，有一些小小的"礁石"，要留心避免。记住，人无完人，即使你在某方面有所成就或者高人一筹，也并不能说明你在其他方面都出类拔萃。记住！不要沾沾自喜而大肆渲染。

"那一次的纠纷，如果不是我给他们解决了，不知要如何收场。你们要知道，他们把任何人都不放在眼里，不过，当着我的面，就不敢轻举妄动了。"

即使那次纠纷的确是因为你的努力而得到完满的解决，可是为什么不这样说一句："当时我恰巧在场，就替他们解决了纠纷。"这样不是会更令人敬佩吗？当别人发觉你默默地做了一件值得称赞的事，自然会对你崇敬有加；但若自己夸夸其谈，所得结果则恰恰相反。不要一心只想求得别人的赞赏，而把事情说得神乎其神，这样别人会觉得你沽名钓誉，手法无异于乞丐讨饭。

别对陌生人夸耀个人的生活，例如你的成就，你的富有，或是你的儿子如何出色。

永远不要在上司面前夸耀自己的才干，你若渴望取悦于他，试图给对方留下深刻印象，不要自我吹捧。展现自己的才华，位居你之上的人不会因此而喜欢你，因为你激起了他们的嫉妒与不安，引起了反感。

说话时，既要有实事求是的态度，又要给人谦虚的印象，坦白地承认你对某些事情的无知，这绝不是耻辱。相反，别人会认为你的谈话不虚伪，没有自我吹嘘，反而能赢得好口碑。

自我炫耀，不智之举

曾有一次，七位年轻人聚餐，席上有六位 T 大生和一位哈佛生。当这六位 T 大生谈论学校的制度及上课情形时，哈佛生不断打岔，并在言谈中强调"我们哈佛"如何如何。

餐毕，这六位 T 大生向人表示，他们对那位哈佛生没有好感。因为 T 大在国内是首屈一指的学校，学生有很强的荣誉感，这位哈佛生言谈间不断提及"哈佛"二字，仿佛在他们的优越感上重重地戳了一刀。

又比如，第一次做母亲，任何人都情不自禁地想把为人父母的体验与他人分享，每一位母亲谈起自己的孩子时，总是喜形于色。如果对方告诉你她的小孩有多可爱，你最好表示同感，并不断往正面去夸奖小孩。而最差劲的应答方式是打断对方的话，告诉她你也有此经验，并且你的孩子也很可爱，而且似乎比她的小孩可爱得多。

别人正眉飞色舞地告诉你一些得意的事时，你即使知道也要假装很有兴趣地倾听。不要在话头上浇人冷水，一旦你插入谈话并也将自己在这方面得意的经验告诉对方时，极容易引起他人的不快。

如果你所说的内容与对方得意程度相仿，而能引起大家谈得更起劲，当然再好不过。但是，一旦你的经验比他好得多，难保对方心里会想："你在轻视我"。

所以当对方正在高谈阔论时，插嘴表示"我知道得比你多"或"我的经验比你好"实在是不智之举。你应该让对方畅所欲言而不是浇人冷水。

不同场合的说话忌讳

随着社交圈的扩大，人们常常要出入于各种场合应对进退。所以在各种场合中，不可避免地要说话。说话内容与环境气氛如果不协调，不仅会使大家扫兴，还会影响人际关系。例如在葬礼仪式中，开玩笑的话便显得极不尊重往生者；在婚宴上大谈新郎或新娘的过往情史也会煞风景。

我国自古以来就有一些不同场合的说话忌讳，虽然毫无科学根据，但很多已成为约定俗成的说话规则。

1. 婚礼的场合

婚礼谈话中较忌讳使用"断""散""离"等字音。另外，宾客致辞时最好避免自我炫耀或自我宣传，毕竟婚礼上的谈论重点不是你。

朋友与熟人向新郎、新娘敬酒时，虽然可以态度较轻松活泼，但不能过分随便，否则会遭人嫌恶。开玩笑时，口气宜适度俏皮，避免失礼。

2. 丧礼的场合

由于丧礼是个伤心悲痛的场合，说话者的表情及说话内容要非常慎重。这种场合，说话不宜太多，也严禁幽默、风趣的对谈。谈话的内容应集中表现对故人的哀悼与怀念之情，并称赞其优点。也不要忘记用简短、真诚的话来安慰、鼓励亡者的家属。

3. 其他聚会

参加同学会时，要坦率、自然，多提及一些往事，引起大家的共鸣。

新春聚会时，最好不要以演讲或训诫的口气来谈论未来计划，应以自然的态度聊天，最好不要谈太多有关工作的话题。

参加朋友的生日聚会，要尽量以轻松的口吻，谈论生活中的小插曲。谈到寿星时，应该多多称赞。参加长辈生日聚会时，说话不要强调年纪，少论及生死问题，以免使老人家心生伤感。

参加孩子的家长会时，可选择印象较深刻的话题来说，并谦虚地向老师及其他家长表达谢意。要提及孩子的近况，谈谈学生受到老师照顾颇多，并婉转表达家长对老师的期望。

同语异义，慎重处理

在日常交谈的话语中，有不少词语在不同的条件下使用，往往有不同的含义，有的甚至完全相反，这就是"同语异义"的现象。它会给你带来不少麻烦，也会带来许多便利。巧说"同语异义"比直言更能对听者产生强烈的吸引力，但如果运用不好则会带来很多麻烦。

《三国演义》中描写的曹操误杀吕伯奢一家的故事就很有借鉴意义。曹操刺杀董卓未成，便与陈宫一道投奔曹父的义兄吕伯奢家求宿。吕伯奢热情接待，上村西沽酒去了。

曹操坐了一阵，忽然听到后院有磨刀的声音，于是，与陈宫蹑手蹑脚进了后院，只听得有人说："捆绑起来再杀！"

曹操对陈宫说："不先下手，咱们就要死了！"

说着，便与陈宫拔剑冲了过去，见一人便杀一人。他们搜寻厨房，这才看见那里有一只捆绑起来等待宰杀的猪。原来，这是一场误会。

这个故事虽反映曹操疑心过重，但"捆绑起来再杀"这句不明确的言辞，对促成曹操杀人也起了很大作用。这说明"同语异义"的言辞一定要谨慎使用。

"二战"期间也发生过因"同语异义"而误会的事。当时，由于德军经常空袭伦敦，所以英国空军总是保持高度警惕。在一个浓雾漫天的日子，伦敦上空突然发现了一架来历不明的飞机，英国战斗机立即升空迎击，到飞临对方时，才发现这是一架中立国的民航机。

英国战斗机向地面指挥部报告了这一情况，请求指示。地面指挥部回答："别管它。"于是，英国战斗机开炮把这架民航机打落了。后来，英国为此支付了一笔巨额赔偿才了事。出了这种纰漏，英国战斗机和地面指挥部都负有不可推卸的责任。

首先是地面指挥部，不该用"别管它"这样语义不明的言辞来回答战斗机的请示。这既可以理解为"别干涉它，任它飞行"，也可以理解为"甭管它是什么飞机，打下来再说"。

战斗机的责任是在听到这样可作完全相反理解的命令后，应该再次请示，然后再采取行动。这样就不致铸成大错了。

可见，这个"别管它"，就是一种"同语异义"的言辞。你在遇到这种言辞时一定要慎重处理，切勿鲁莽行事，否则它会成为你与人沟通的障碍。

开玩笑要注意场合，把握尺度

开玩笑，是人与人之间交往最常见的一种说话取乐方式。它可以活跃气氛，调节情绪，创造一个和谐、轻松的氛围，使你的语言更具魅力。但是，开玩笑必须内容高雅，如果笑料过于庸俗，或开过了头，伤害了人家的自尊和感情，就会适得其反。所以，开玩笑一定要注意场合，把握尺度。

有位钢琴家在某地一家歌舞剧院演奏贝多芬的名曲时，因天气寒冷，进场的听众不多，剧场内有一半的座位空着，一些来听钢琴演奏的人也左顾右盼，心里似乎很不安。这有点出乎钢琴家的意料。为了改变这尴尬的局面，这位钢琴家开了一个十分幽默的玩笑，他说："朋友们，我发现一个奇怪的事情，这个城市里的人都很有钱，因为我看到你们每个人都买了两三个座位的票。"

听众一听，顿时开心地大笑起来。

由于这位钢琴家的一个玩笑，人们立即活跃起来，使尴尬的局面在哄堂大笑中顿时化解。接着，大家便聚精会神地听他演奏了。

但是，如果开玩笑不掌握分寸，则会造成严重后果。

有一次，美国总统里根到国会去参加会议。开会前，为了试一试麦克风是否已接通，他便信口开了一个玩笑，说："先生们请注意，五分钟后，我国将对苏联进行轰炸。"

一语出口，全场哗然。后来，苏联针对此事提出了强烈抗议，搞得里根很难堪、很狼狈。

由此可见，开玩笑过度，将会造成无法挽回的后果。

当然，开玩笑还要看对象，因为每个人的性格、身份、心情不尽相同，对玩笑的承受能力也不同。所以，一个玩笑，你可以对此人开，却不可对彼人开，这也是开玩笑的一门学问。

一般来说，男性不宜同女性开玩笑，下级不宜同上司开玩笑，晚辈不宜同长辈开玩笑，正常人不宜同残疾人开玩笑。即便可以开一些玩笑，也只限于逗笑之类，而且要暗含尊敬、褒扬，不能放肆、轻佻。切忌揭人之短，尤其是残疾人的短处，他们对自己明摆着的短处已经讳莫如深，如果你再同他开玩笑，他会认为这是一种有意的羞辱，因而会造成恶言相对的局面。

总之，开玩笑应是善意逗乐，促进彼此的感情交流，而不是恶意的取笑，占对方的便宜。所以，你以后再开玩笑时一定要把握好分寸，这样才能真正成为沟通高手。

谈话灵活，切忌呆板

在公共汽车站，常见如下对话：

"这趟班车到××区吗?"

"不到。"

这种冷冰冰拒人于千里之外的谈话随处可见。其实，问者很可能是想知道"到××区怎样搭车"。

在一个聚会中，你想介绍两个陌生的朋友相互认识。你这样说：

"这位朋友是位网球高手，他每个周末都去网球场打球。"

"这位先生喜欢打篮球，在学校时是主力球员。"

这样的介绍，能够让原本陌生的双方很快找到交谈的话题。

有时，一些很普通的客套话也可以打开话匣子，让陌生人之间不再沉默，从而拉近原本似乎遥远的距离。

在初次见面或交谈中，问对方问题时，要尽量避免问让对方只能回答"是"或"不是"的问题。比如上面的对话我们可以改为："请问哪一班车能去 XX 区？到什么地方搭车？"这样，对方也能更详细地回答你。

而善于谈话者，也都不会仅仅回答"是"或"不是"，一定会多加上几句说明或感想，让对方产生继续交谈的兴趣，达到谈话的目的。

在给初次见面的朋友介绍某人时，不要只是简单地说"这是李某，那是张某"之类的话，这会让陌生的双方不易找到话题而陷入沉默的尴尬之地，你不妨简单地介绍一下对方的简历、爱好等，为两位新结识的朋友打开一个海阔天空神聊的窗口，使双方能马上找到共同点，拥有一个共同的话题。而这也是表现你口才的好机会。

另外，"旧瓶装新酒"是个百用不厌的谈话方式。我们在交谈时，开场白往往是"你好""今天好热呀"之类的寒暄。的确，这是一个适宜每个人的话题，可是常常显得多余乏味。这就需要你引申开来，增加更多的谈资。如果在谈论天气之后加上"真想跳进水里泡一泡"之类的感叹，很可能是打开对方话匣子的钥匙，那么对方的反应绝不仅是"是呀，的确很热"的简单重复了，从而使谈话向纵深发展的楔子也就插上了。

质问语气，伤害感情

某日在一公车上，前排有两位乘客在说话。

"昨天那部电影实在很好看。"第一个说。

"有什么好？"第二个强硬地质问他。

"剧情不错，对改良社会风气别有一番见地。"

"有什么见地？"第二个仍然用那种语调说。

"还用问吗？它不是指出有些不良少年是被迫走上歧路
的吗？"第一个似乎有点不悦了。

"老生常谈！这算是什么别有见地。"第二个依然用质
问的语气说话。

这两位乘客话不投机，气氛很尴尬，毛病就出在第二个乘客用质
问的语气来谈话，这是最伤感情的。

如果第二个乘客改变态度，当第一个人提出自己对那部电影的意
见时，若是不同意，可以坦白地说出他对该部电影的见解，但不要用
质问伤害对方，这样谈话则可以愉快地进行下去。

又如下面这样的对话：

"昨天我想是今年以来最酷热的一天了。"

"你怎么会知道？"

对方即使说错了，何必使他难堪呢？被莫名其妙质问的人往往会
被弄得不知所措，自尊心大受打击。如果他不是脾气好的人，必定恼
羞成怒，从而掀起激烈的争辩。

倘若你爱用质问的态度向人进攻，当被对方以更大的理由压倒
时，你将会大大地失面子。而温厚待人就是为自己留有余地，好比向
前冲得太猛，万一跌倒时伤痛当然更甚。不侵害别人，就是护卫自
己，你轻易地进攻别人，如果估计失当，必然惨败。

除非是遇到辩论等特殊场合，与人交谈应避免使用质问的语气。
有些人喜欢以质问的语气纠正别人的错误，先质问，后解释，好比先
向对方要害处击出重重一拳，然后再安抚，这样当然会破坏双方的
感情。

尊敬他人是语言交际中必备的条件。为难对方只是一时之快，对人对己都是没有好处的。你不喜欢别人伤害你的尊严，你当然也不可以伤害别人的自尊心。

如果出现问题，你可以向他询问，向他解释，但方法和态度要真诚和善。假如你希望对方心悦诚服，越是在紧张和竞争性很强的场合，越是不能用质问的语气，因为当对方为你的质问所窘迫时，虽然他一时占下风，但他可能怀恨在心，从而不会让你顺利取胜。

虚心、诚实、坦白和尊敬别人，是谈话艺术的必备条件。在与朋友的笑谈中，偶然以质问的语气开玩笑是无伤大雅的，可是不要常用，以免成了习惯。

烦恼己尝，快乐分享

每个人都会遇到失意的事，包括事业上的失意、感情上的失意、家庭上的失意。事实上，在这个世界上真正让人舒心的事很少。即使有舒心的事人们也很容易忘记，萦绕于心头的大多不那么令人愉快。失意本就是一种痛苦，搁在心里不找人倾吐更痛苦。据说，把失意的事摆在心里还会造成心理的疾病，所以找人倾吐也是好的。向别人吐苦水的时候的确会感到轻松些，稍微缓解了压力。但是这只不过是把淤积在自己心中的话吐露给别人听，获得短暂的满足而已！

有些烦恼有些失意或是希望别人安慰的问题，你应该把这些话说给心理医生或是值得你信赖的家人或朋友听，千万不要逢人就倾倒自己心中的垃圾，这样不仅无法激起对方的共鸣，反而会徒增对方反感。

吐露失意的事，不管是主动吐露还是被动吐露，负面影响主要有以下几点：

首先，吐露失意的事无意中塑造了自己无能、软弱的形象。虽然每个人都会有失意事，但如果你在吐露失意事时，别人正在得意，那么别人会直觉地认为你是个无能或能力不足的人，要不然怎么会失意！嘴巴虽然不会说出来，但心里多少会这样想，而且失意的事一讲，有时会因情绪失控而一发不可收拾，造成别人的尴尬，这才是最糟糕的一件事。如果你的失意情绪引来别人的安慰，温暖固温暖，但你却因此而变成一个无助的孩子，别人的评语是：唉，可怜！

其次，吐露失意的事，别人对你的印象分数会打折。很多人凭印象来打别人的分数。一般来说，自信、坚定的人，他所获得的印象分数会比较高。如果他还是个事业有成的人，那么更会获得尊敬，这是人性，没什么道理好说。如果你的失意让别人知道了，他们下意识地会在分数表上扣分，本来80分，一下子就不及格了，而他们对你的态度也会很自然地转变，由尊敬、热情而变得不屑、冷淡。

另外，吐露失意的事会形成不良印象。你的失意如果说得太多次，或是经由听者的传播，让你的朋友都知道了，那么别人会为你贴上一个标签：失败者！当别人谈到你时，便会想到这些事。

还有，吐露失意时难免会说某人的坏话。说别人的坏话和抱怨的情况是同样的，也许当下心里感觉畅快了，但你的听众可能会无法忍受，而产生这样的想法，"不知道这人在私底下怎样讲我的"，因而失去对方的信任，甚至对你产生反感。

所以，在与尚未熟识的人说话时，最好选择较为轻松愉快的话题，尽量不要提及个人过去不愉快的经历，以免让对方觉得沉闷、无聊，让人产生再也不想见到你的感觉。

第五章
生活口才必备技巧

有些人说话做事不经过大脑，想起一出是一出，控制不住自己的嘴巴，也就把握不住说话的时机，这种人现实中虽然少，但是所造成的后果不容小视。

公元 220 年，三国魏臣郭淮在恭贺文帝曹丕登基典礼时迟到。

文帝十分生气，认为郭淮不尊重自己，于是很严厉地责备他说："以前大禹在涂山大会诸侯，防风氏来晚，大禹盛怒之下，便即刻将他杀了。现在朕登基，天下臣民百姓一同庆祝，而你却胆敢迟到，为什么呢？"

郭淮说："五帝时代，先教育百姓，以德行引导人民；夏朝到末代衰微了，才开始用刑罚。现在臣所处的时代，相当于唐虞时的盛世，陛下又是开明圣主，因此我知道不会像防风氏一般被杀。"文帝听郭淮夸他为"开明圣主"，心里很高兴，自然免了他的死罪。

为君者很少有人被誉为开明圣主而不"龙颜大悦"，郭淮善于转移重点，恭维别人，从而巧妙地为自己的错误开脱了。

把握说话的时机

有些人说话做事不经过大脑，想起一出是一出，控制不住自己的嘴巴，也就把握不住说话的时机，这种人在现实中虽然少，但是所造成的后果不容小视。孔子在《论语·季氏》里说："言未及之而言谓之躁，言及之而不言谓之隐，不见颜色而言谓之瞽。"这句话有两层意思：

一是不该说话的时候说了，叫作急躁。

二是应该说话的时候不吭声，叫作隐瞒。

三是不看对方的脸色变化，贸然信口开河，叫作睁着眼睛瞎说。

这三种毛病都是没有把握说话的时机，没有注意说话的策略和技巧。因为说话是双方的交流，不是一个人的单方面行为，它要受到诸如说话对象、设定时间、周边环境等种种限制，所以说话要把握时机。如果该说的时候不说，时机转瞬即逝，便失去了合适的机会。同样地，如不顾说话对象的心态，不注意周边的环境气氛，不到说话的火候却急于抢着说，很可能引起对方的误解，甚至反感。如果信口开河，乱说一通，后果就更加严重。

战国时，楚王的宠臣安陵君能说善道，很受楚王器重。但他并不遇事张口就说，而是很讲究说话的时机。他有一位朋友名叫江乙，对他说："您没有一寸土地，又没有至亲骨肉，然而身居高位，享受优厚的俸禄，国人见了您，无不整衣跪拜，无不接受您的号令，为您效劳，这是为什么呢？"

安陵君说："这是大王太抬举我了。不然哪能这样！"

江乙便不无忧虑地指出："用钱财相交的人，钱财一旦用尽，交情也就断了；靠美色相交的人，色衰则情移。因此，狐媚的女子不等卧席磨破，就遭遗弃；得宠的臣子不等车子坐坏，已被驱逐。如今您掌握楚国大权，却没有办法和大王深交，我暗自替您着急，觉得您的处境太危险了。"

安陵君一听，恍然大悟，毕恭毕敬地拜问江乙："既然这样，请先生指点迷津。"

江乙说："希望您一定要找个机会对大王说：'愿随大王一起死，以身为大王殉葬。'如果您这样说了，必能长久地保住权位。"

安陵君说："谨依先生之言。"

但是，过了很长时间，安陵君并没有照办。江乙又去见安陵君，说："我对您说的那些话，您为何至今不对楚王说？既然您不用我的计谋，我就再也不管了。"

安陵君急忙回答："我怎敢忘却先生的教诲，只是一时还没有合适的机会。"

又过一段时间，机会终于来了。此时楚王到云梦打猎，一箭射死了一头狂怒奔来的野牛。百官和护卫欢声雷动，齐声称赞。楚王也高兴得仰天大笑，说："痛快啊！今天的游猎，寡人何等快活！待寡人万岁千秋之后，你们谁能和我共有今天的快乐呢？"

此时，安陵君抓住机会，泪流满面地走上前来，说："臣进宫就与大王同共一席，出宫与大王同乘一车，如果大王万岁千秋之后，我愿随大王奔赴黄泉，变做芦草为大王阻挡蝼蚁，那便是臣最大的荣幸。"

楚王闻言，大受感动，对他更加宠信了。

这件事说明，把握说话时机非常重要，这个过程需要充分的耐心，也需要积极进行准备，等待条件成熟，但绝不是坐视不动。《淮南子·道应》云："事者应变而动，变生于时，故知时者无常行。"
安陵君的过人之处，便在于他有充分的耐心，等待楚王欢欣而又伤感
的那个时刻。此时，动情表白，感人肺腑，愉悦君心，终于受宠，保
住了长久的荣华富贵。

"一见如故"的诀窍

两个陌生人一见如故，相见恨晚，历来被视为人生一大快事。当
今世界人际交往极其频繁。参观访问、调查考察、观光旅游、应酬赴
宴、交涉洽商……善于跟素昧平生者打交道，掌握"一见如故"的
诀窍，不仅是一件快事，而且对工作和学习大有裨益。那么，如何才
能做到"一见如故"呢？

首先，要从自我介绍入手。

所谓自我介绍，是指人们在社交场合中向他人介绍自己的过程。
这是推销自己的形象和价值的一种方法与手段，因此，自我介绍的成
功与否，常常决定着深层次的人际交流是否能够实现。

我们不能简单地认为自我介绍就是自报姓名。从某种意义上说，
自我介绍有许多必要的技巧和尺度需要掌握。

1. 说好"我"字

自我介绍少不了说"我"，如何说好这个字关系到别人对你产生
什么样的印象。有的人自我介绍时，左一个"我"怎样怎样，右一
个"我"如何如何，听众满耳塞的都是"我"字，不反感才怪呢。
还有的人"我"字说得特别重，而且有意拖长，仿佛要通过强调
"我"来树立自己的高大形象。更有甚者，在说"我"时得意扬扬，
咄咄逼人，不可一世。这种人的自我介绍不过是孤芳自赏，只能给人
留下骄傲自大的印象。

要给人良好的印象，就要在合适的时候平和地说出"我"字，目光亲切，神态自然，这样才能使人从这个"我"字里，感受到一个自信、自立而又自谦的美好形象。

2. 独辟蹊径

自我介绍，往往先报姓名，然后说工作单位、职业、学历、特长或兴趣等，这样不免千篇一律，给人印象平平。

自我介绍独辟蹊径，是指从独特的角度，选择使对方感到有意义，又觉得顺其自然的内容，采用生动活泼的语言把自己"推销"给别人。而绝不是指那种借助别人威望给自己贴金的介绍，也不是指那种靠"吹"来取悦对方的介绍。一些人介绍自己时常说："某某副市长，是我的老朋友……""你知道著名的某某专家吗？我们曾住在一栋宿舍里……""我对某某问题很有研究。昨天我收到了某某杂志的约稿信……"这样的自我介绍也许能给人留下深刻的印象，但不会很好。

3. 详略得当

在一些特定情况下，自我介绍的内容需要较全面、详尽，不仅要讲清姓名、身份、目的、要求，还要介绍自己的经历、学历、资历、性格、专长、经验、能力和兴趣，等等。为了取得对方的信任，有时，还得讲一些具体事例。比如，求职应聘时，就要做到这一点。

另外，为了适应某种情境的需要，自我介绍有时不需要面面俱到，将姓名、爱好、年龄、性格等一股脑儿和盘托出。话不在多，达意就行。在自我介绍中运用"以点带面""抓住一点不计其余"的方法，反而能收到意外效果。

——巧妙注释"姓"与"名"

自我介绍少不了"自报家门"，为了使对方准确听清自己的名字，往往要对"姓"和"名"加以注释，注释得越巧，给人的印象就越深。对姓名的注释不仅可以反映一个人的知识水平、性格修养，更能体现一个人的口才。

一个人的姓名，往往存有丰富的文化积淀，或折射凝重的史实，或反映时代的乐章，或寄寓双亲对子女的殷切厚望。因此，推衍姓名能令人对你印象深刻，有时也会令人动情。

不过，说好第一句话，仅仅是良好的开始。要谈得有趣，谈得投机，谈得其乐融融，还要注意交谈的态度。

有人在交谈时，交头接耳，目光游移，心不在焉；或只谈论自己感兴趣的话题，高谈阔论，漫无边际；也有的十分拘束，沉默冷场；更有甚者，信口开河，东拉西扯，结果往往不欢而散。

所以，与陌生人交流时，应放下傲慢与偏见，在最初见面的几分钟里，要心平气和，全神贯注，不失礼节地倾听。只有这样，才能做到推心置腹地交谈，达到一见如故的目的。

说服访客离开的技巧

有些话虽然饱含诚意，但也不能毫无遮拦地说出来，这样会让对方误解你的意思，从而引起不必要的误会。

有一次，小敏家里来了一位客人，坐在客厅里一直聊，无意离去。

小敏还有其他事情要做，屡次暗示客人，但是不知道为什么那位客人始终无动于衷。小敏无奈之中心生一计，对他说："我家的菊花开得正旺，我们到园子里去看看怎么样？"

客人欣然而起，于是小敏陪他到花园里去观赏菊花。看完后，小敏趁机说："还去坐坐吗？"

这时，客人看看天色，恍然大悟地说："不了，不了，我该回家了，要不会错过末班车的。"这种情况下，如果小敏直接声明自己有其他事情要做，岂不伤了双方的感情？

还有一例：

晚饭后，几位青年人去拜访某教授。谈到夜深，教授接着其中一位青年人的话题说："你提的这个问题很值得研究，明天我去Ａ城参加一个学术会，准备就这个问题找几位专家一块聊聊。"

几位青年立刻起身告辞："很抱歉，不知道您明天还要出差，耽误您休息了。"

一位不知情的客人，令你不走不行，欲走又不得，也不便明言，甚是尴尬。这时，你该怎么办呢？

你不妨采取一些巧妙的暗示。诸如看看钟表，或者随意地问他忙否？然后再告诉他你最近都很忙。一般的，稍微敏感点的客人，察言观色，又听此言辞，肯定就会起身告辞，但若是客人始终"无动于衷"，我们就可以巧妙地转移一下地点，像上面故事中小敏的"调虎离山"，还是很适用的，这样既维护了彼此的情感，又不至于让自己的事情拖延，实在两全其美。

而上述那位教授打发人的技巧，就与特定的交际场合、对象、自身的身份相称，实现了和谐的沟通。试想，如果直言改日再谈，虽可以达到辞客的目的，但却易置对方于尴尬的处境，也有失教授慈祥和蔼的形象。

当然，对那些很熟悉的朋友，就用不着那么煞费苦心了，你可以直接地告诉他，你还有事要做，不能久陪了，他会谅解你的。

说服父母的技巧

许多子女都说与老年父母有代沟。的确，父母因为年龄的原因，与社会有些脱节。加上缺乏交流的艺术，父母和子女之间经常产生摩擦，这种摩擦，多表现出两代人之间的思想分歧，解决起来不大容易。当长辈固执己见，后辈又执拗任性，当他们觉得自己站在正确的一方时候，往往一意孤行地靠争辩解决问题，这就更激化了矛盾。

在这种情况下，如何说服父母，就需要一定的技巧。说服父母是一种特殊的交流和沟通过程。

1. 献殷勤，套近乎

献殷勤，不是虚情假意，而是要实实在在地孝敬父母。虽然父母有许多缺点，可做儿女的应该真心实意地爱他们，关心他们的冷暖和健康，为他们分忧解愁。有了这个心理，你就会有许多"献殷勤"的办法，也会有诚恳、礼貌、亲切的态度，自然而然就会说得顺耳，讲得动听了。

需要提醒的是，当父母有事征求你的意见时，这是送上门的"献殷勤"的好机会，你一定要耐心、认真地正面回答或解释，这样一定会赢得父母的满足与怜爱。长辈总想更多地了解晚辈的生活，或者希望晚辈了解自己的生活，作为子女来说，只要耐心地陪着他们就足够了。

人与人之间应该互相尊重，子女对父母更应该如此。而这种尊重，很重要的一个方面就是经常向老人请教和商量问题。除了那些自己能够预料到的肯定与父母的观点存在明显分歧，而又必须坚持己见的问题之外，其他的事情，则应该经常及时地与父母商量，听听他们的意见，这无疑是有好处的。即使清楚地知道自己与父母的观点绝对一致，也不妨走走过场，以求得意见一致时所带来的愉快心情。

2. 利用类比讲明道理

在说服过程中，可以巧妙地把父母的经历和自己目前的状况类比，以求得他们的理解，使他们没有反对的理由。

> 有一位大学毕业生想到南方闯一闯，家长不同意，他这样找理由说服父亲："爸，我常听你说，你16岁就离家到外地上学，自己找工作，独自奋斗到今天！我现在比你当初离家时还大两岁呢，我是受你的影响才这样决定的，我想你会理解和支持我的。"

这样一来，儿子成功地说服了父亲，使父亲无法再坚持之前的立场了。

一般情况下，做父母的都有自己认为辉煌的过去，他们免不了以这些资本教育子女。对于已成年的子女，如果要干一番事业但受到父母的阻挠时，就可以拿他们的经历作为论据，进行类比，这样有很强的说服力。

3. 以父母的期望作为自己的旗帜

父母对子女的未来都寄予厚望，望子成龙是他们梦寐以求的，而且在日常生活中，他们也常常教导子女要敢闯敢干，将来要做一个有作为、有成就的人。

在说服他们时，只要你提出的意见与他们的目标一致，就可以抓住这面旗帜，作为有力的武器，为己所用。

> 有一位刚毕业的年轻人在一家公司找到一份工作，而父亲不同意儿子的选择，正在托人给他联系某国家机关。这个年轻人说："这个公司我了解过了，很有前途，生产的是高科技产品，和我学的专业很对口。再说，国家机关好是好，

可是人才济济，我到那里要想干出一番事业，恐怕机会不多。可是，我去公司上班，总经理要我马上把技术工作抓起来，这是多好的锻炼机会啊！我从小就依靠你们，凡事没有主见，现在我长大了，我考虑很久，还是决定去公司上班，我希望您能够支持我的决定。"

听到这里，父亲还能说什么呢？

一般说来，父母很注意自身的尊严，对过去说过的话不会轻易失信，而且会及时兑现。所以，在说服他们时，就可以适当利用这种心理，用他们的话作为自己的旗帜，很容易就会成功。

4. 发挥坚决态度的震撼力

子女在说服父母时要表明自己的坚决态度，让他们明白自己的选择是慎重的，是下了决心的，不管遇到什么情况都不会动摇；即使决定错了，也准备独自承担责任，决不后悔。

这种坚决的态度具有柔中寓刚的作用，对于父母有强烈的震撼力。父母从中可以看到子女的主见和责任感，就不会强迫子女放弃自己的意见，按照父母的意思行事，反而还会顺水推舟，同意子女的意见。

一位女孩的父母不同意女儿和一个男孩谈恋爱，她对父母说："在这件事情上我决心已定，希望你们能理解女儿，以后吃苦受累我也心甘情愿。如果你们坚持不同意，我们最后还是要在一起。不过，我还是希望你们能理解和支持我呀！那样，我会感谢你们的。"

话说到了这里，父母还能说什么呢？既然女儿已经铁了心要和那男孩谈恋爱，父母为什么还要苦苦相逼呢？在这个事例中，女儿的决心起了重要作用。

最后，需要指出的是，如果自己的意见不正确，甚至完全错误，那就不是说服父母的问题，而是应该愉快地放弃自己的意见，采纳他们的意见。当然，这同样也需要勇气和理智。

顺势牵连、借风行舟

一个数学教师刚走上讲台，同学们忽然大笑起来，令他感到莫名其妙。

坐在前排的一位女同学小声对他说："老师，你的扣子扣错了。"

教师一看，果真第四颗扣子扣在了第五个扣眼里。

当时场面有些尴尬，突然间，这位教师煞有介事地对学生们说：

"老师在想心事，急急忙忙赶着来上课才会不小心扣错。不过，这也没什么好笑的，昨天我们有的同学做习题时，运用数学公式就是这样张冠李戴的。"

这位老师先是用幽默的话语为自己解了围，紧接着又顺势把这意外事件和学生的学习情况连了起来，借此作比，指出了学生学习中的类似错误，既显得自然，表达又具体，很快就为自己解除了尴尬的局面。

一位教师走进教室准备讲课时，却看到学生正在为昨晚的女排比赛议论纷纷。

面对这一情况，这位教师没有命令学生们停止议论，而是兴致勃勃地加入了讨论，谈起了自己的感想，两三分钟后同学们都静下心来听他讲时，他却巧妙地将话锋一转。

"中国女排的胜利为中国人争得了荣誉，它证明了中国人的伟大，但是中国在科学、经济上还很落后，被人瞧不起，我们也要有中国女排这种拼搏精神，在科学和经济建设方面都要努力迎头赶上欧美国家。因此从现在开始，我们就得好好抓紧每一次的学习机会，认真听好每一堂课。"

这位老师运用的就是"借风行舟"的语言艺术。他及时地"借"了学生们强烈的爱国热情之"东风"，恰到好处地加以点拨指引，顺势将学生们的热情引转到学习这条船上，不仅很快恢复了课堂秩序，还借此激励学生们努力学习，起到了很好的教育效果。

试想，如果这位教师运用命令式的语言表达，虽然也可达到停止议论、保持课堂安静的目的，但他无法使学生的思维从女排比赛中走出来。

当人的思维朝着一定的方向进行，特别是当人处于亢奋状态时，命令式的语言、强迫的手段，其制止效果都不好。

因此，碰到上述这类突发事件时，只有巧借其势，用巧妙的语言，自然地加以引导，才能达到扭转局势的目的。

顺势牵连、借风行舟的应急艺术确实能有效地使人从困境中解脱出来，但必须注意"牵"得要自然，"连"得要巧妙，不能牵强附会，否则是会弄巧成拙的。

好口才化解小矛盾

有一对恋人约会，男方迟到了，女方撅着嘴不高兴。那么，男方该采用什么样的方式来说服女方放下因男方迟到而带来的不快呢？

男方不慌不忙走到女方身旁，对她说："我今天有一个重大发现。"女孩不作声，投来疑惑的眼光。男青年赶忙上前一步，附在女孩耳旁小声说："我告诉你一件事，请你保守秘密。我今天发现——你是多么爱我。"

一句悄悄话，让女孩脸上"多云转晴"，含羞一笑，所有的不快都随风而去。

爱情是甜美的，爱情之花需要用甜甜蜜蜜的话语来培育。甜言蜜语是指发自肺腑的爱慕、赞美和尊重对方的言谈。男女青年开始恋爱时，双方都成了一个新的、特殊的角色，他们有着与众不同的心理状态，双方都把对方的赞美视为幸福。甜甜的话语，能使爱情之火燃烧得更加旺盛。

首先，要多用赞美之词。

恋爱时，如果不善于赞美恋人，就很难获得对方的好感，更难得到对方的爱情。在恋人心里，赞美如优美动听的音乐，悦在耳畔，醉在心中。赞美能让对方感受到你的心迹：我时刻在关注你，真心喜欢你，你是我心中不可取代的太阳。

生活中，只要细心寻找，赞美之词是不难找到的。如："你对这个问题的看法，很有新意。""这种发型与你的脸型很相配，非常好看。""这样再合适不过了！"

其次，交谈时多用礼貌语言，多采用征询语气，会使对方感到你很尊重他（她）。

除了经常赞美对方，恋爱双方互相尊重，也能使感情更为融洽。例如："你看这样行不行？""我想请你看电影，有时间吗？"

在称谓方面尽量多用"你"和"我们"，少用"我"。因为热恋中的双方，都会产生"两位一体"的组合心理，经常使用"我们"一词来建立"两位一体"的关系，不久以后，便可珠联璧合了。

再次，情人之间的甜言蜜语需要轻轻地说出来。古人很早就发现声音和感情的联系。恋爱双方都有一种羞涩心理，这种心理集中体现在爱的隐蔽性上，反映在言语上必然是带着亲切音色的轻言细语。

轻言细语可以较好地表达依恋、倾心的微妙感情，可以体现温柔、抚爱，还可以把双方共同带进一个温馨的世界。

恋爱双方拥有一个不为外人开放的神秘世界。在这个世界里，轻言细语能够传递爱的信息，效果比大声说话更为强烈。而这，只有热恋中的情人才能深深感受到。当双方陶醉在爱的旋涡中，当产生了小误会或偶有意见不合时，若在对方耳旁说上几句甜言蜜语，对方一定会感到无比幸福，误会与不合也将顿时烟消云散。

恋人之间有一种独特、有趣的语言游戏，那就是"斗嘴"，它既不是口角，也不是吵架，而是他们为了使爱更有味道，淘气地加上了一把盐。

恋人之间，由于爱好、性格、习惯等的不同，当然不可能时时和谐。不满总会或多或少存在于恋人之间，把恋人的缺点抑制在"萌芽"状态，有时需要用合情的话语，把心里话掏给对方，做一次倾心交谈。对方事后仔细想想会意识到自己哪里做得不对，从而更加珍惜你的一片真情。

当然，如果是你不对，也可以巧妙化解。有些事情虽然对自己不利，如果善于说话，就会因为一句话说得对，而改变对方的看法，甚至会让对方依照你的意思行动。

例如，赴约的时候迟到了，对方已经等得不耐烦了，一般情况下，这是一件对自己不利的事。如果说："有时等等别人也是别有一番滋味吧！"或是："因为在路上碰到某某要人和我谈话，所以才来迟了。"这样一来，对方当然更是气不打一处来。

如果你换种说法，结果就会两样：

"真对不起，我迟到了。他们总是故意为难我呀！司机慢慢儿开车，路上行人挡道，交通灯管制我，手表的针又走得那么快，走捷径吧，又遇到修补公路，真是连神仙都与我作对，为什么不让我长翅膀呢？有了翅膀，想什么时候飞来就飞来了。"

这样和气、幽默地诉说一通，对方或许会怒气顿消，与你和好如初。

夫妻沟通的技巧

生活中有这样一类男人：他们在社交场合很活跃，妙语连珠，海阔天空。与其说他们关心的是谈话内容，不如说是在意交际中的个人形象。在他们看来，谈话是自我表现的一种方式。这种时候，妻子则可能因为丈夫从未如此兴致勃勃地对待自己，而感到自尊心大受伤害。

> 丽贝卡与丈夫斯图尔特是别人眼中幸福的一对。即便这样，他们也有各自的烦恼。丽贝卡曾对别人抱怨说，当她对丈夫谈起自己的想法时，丈夫总是一言不发地听着；但是一旦她想听听丈夫的看法时，他总是三个字："没什么。"

对许多女人来说，常向亲人和朋友吐露自己的心声，是生活中必不可少的内容，因为这意味着相互关心，融入彼此。但对于斯图尔特和许多男人来说，谈话的目的是获得信息，感情则被深埋在心底。

首先，夫妻之间说话时，相互尊重不可忽视。

"去买瓶酱油来！"或"把房间打扫一下。"夫妻在日常生活中，一方对另一方用命令的口吻分配工作或下达任务，是常有的事情。这种命令式的语言毫无商量之意，只有理所当然之感。这种语言容易引发夫妻间的矛盾，尤其在对方情绪不佳时，听起来尤其不顺耳，甚至会成为发生口角的导火线。如果采用商量的口气就可以避免这种情况发生。"能抽出时间去买瓶酱油吗？""一会儿打扫一下房间好吗？"这样就顺耳多了。即使对方手中正忙着什么，也会愉快地应允。这样，也有利于维护夫妻关系。

但是，这种商量的语气也不是对每个丈夫都适用。

> 安娜喜欢对自己的丈夫说："我们把车停到那儿吧！"
> "我们午饭前打扫卫生吧！"
> 这种语气让她丈夫内森很是恼火。内森把安娜的"我们这样吧""我们那样吧"当成了命令。同很多男人一样，内森讨厌受制于人，但是，对安娜来说，她认为自己并没有指使丈夫做什么，只是建议而已。

同许多女人一样，安娜希望尽量避免正面冲突——她把要求化做建议而不是命令。可是，对有些男人来说，这种委婉的方式反而更糟。一旦他们意识到别人用含蓄隐蔽的方式指使他们，就会感到受人操纵而恼怒，他们宁可接受直截了当的要求。

作为丈夫，要对妻子多加赞美。在众多的赞美话中，女性最爱听的，必定是出自丈夫口中的赞美了。"你今天烧的菜真好吃！""谢谢你把我们的家整理得如此井然有序！""你穿围裙的样子真是可爱极了！"没有比这些赞美话更令妻子心动的了。相信听到这类赞美后，妻子会更认真地操持这个家。

夫妻之间应该常向对方表达自己的情感，这样能使彼此的关系更加融洽。那么，当矛盾发生后，应该如何处理呢？一般口角，吵过之后也就过去了，但是，如果不加控制的话，就可能使矛盾扩大化，造成家庭解体。所以，夫妻争吵一定要控制好"度"，即使在最冲动的情况下也不要超越这个界限。

这里要注意以下几点：

1. 不揭短

一般说来，夫妻双方十分清楚对方的毛病和短处。比如，对方存在生理缺陷，个子小，不生育，或犯过错误等。在平时，彼此顾及对方的面子轻易不会指出。可是一旦发生争吵，当自己理屈词穷、处于不利地位时，就可能把矛头对准对方的短处，挖苦揭短，以期打击对方。

有道是"打人莫打脸，骂人不揭短"。人们最讨厌别人恶意揭短，这样做只会激怒对方，扩大矛盾，伤及夫妻感情。

2. 不翻旧账

有的夫妻争吵时，喜欢把过去的事情扯出来，翻旧账，历数对方的"不是"和"罪过"，指责对方，或证明自己正确。这种方式也是很愚蠢的。如果大家都翻对自己有利的那一页，眼睛向后看，不但无助于解决眼下的矛盾，而且还容易把问题复杂化，新账旧账纠缠在一起，加深怨恨。夫妻争吵最好就事论事，不前挂后连，这样处理问题，才能干脆利落地化解眼前的矛盾。

3. 不带脏字

争吵时，夫妻双方可能高声大嗓，说一些过激过重的话，但是绝不能骂人，带脏字。有些人平时说话带脏字和不雅的口头禅，争吵时也可能顺口说出来。然而，这时对方不再把它当成口头禅，而视为骂人，一不小心就可能会激化矛盾。

4. 不贬低对方

夫妻争吵时难免各执一词，都感到真理在自己这边，对方是胡搅蛮缠，往往使用评价性语言贬低对方。比如："和你说话简直是对牛弹琴！""你这个人简直不可理喻！""你是一个泼妇！""你是一个无赖！"这些贬低对方的话，同样容易伤及对方的自尊，事后需要花费很多的时间和精力去补救。

5. 不涉及亲属

有的夫妻争吵时，不但彼此指责，而且常常把双方的父母、亲属也拉扯进来。如说："你和你爸一样不讲理！""你和你妈一样混账！"这样把争吵的矛头指向长辈是错误的，也是对方最不能容忍的。

总之，夫妻争吵只要把握好了度，就不会伤及感情，"雨过天晴"，两人又会和好如初。

当夫妻因琐事发生矛盾出现冷战局面时，到一定程度就要有一方首先打破沉默，这时另一方就应该响应，夫妻握手言和，重归于好。

打破沉默、消除冷战的方式有以下几种：

1. 直言和解

如果双方的矛盾并不大，只是偶然出现摩擦，就可以直截了当和对方打招呼，打破沉默。如说："好了，过去的事就叫它过去吧，不要再生气了。"对方会有所回应，言归于好。也可以装作把所有的不愉快都忘掉了，像什么事也没有发生过似的，主动与对方说话，对方如顺水推舟，可打破沉默。如上班前，丈夫突然问还在生气的妻子："我的公文包呢？"见丈夫没有记仇，妻子也不好意思不理睬，应声道："不是在衣柜上吗？"这样就打破了僵局。

2. 认错求和

如果一方意识到发生矛盾的主要责任在自己，就应主动向对方认错，请求谅解。如："好了，这事是我不好，以后一定注意。你就不要生气了，气出病来，可不划算！"对方听了，一腔怒火立马烟消云散。

退一步说，即使错误不在自己一方，也可以有风度地主动承担责任。

3. 幽默和解

开个玩笑是打破僵局的最佳方式。如："我说，世界上的冷战都结束了，我们家的冷战是不是也可以松动一下？""瞧你的脸拉那么长干什么！天有阴晴，月有圆缺，半月过去了，月儿也该圆了吧！女人不是月亮吗？"对方听了多半会"多云转晴"。

若能针对矛盾的具体情况，采取相应的沟通方式，巧用言语，尽快打破僵局，家庭生活就会恢复往日的欢乐与和谐。

关注不起眼的细节

　　罗斯福担任美国总统前，在一次宴会上，看见席间坐着许多不认识的人，于是他便找了一个熟悉的记者，一一向他打听那些人的姓名和基本情况，然后主动地和他们接近，并叫出他们的名字。当那些人知道这位平易近人的人竟是著名的政治家罗斯福时，纷纷感佩他的用心，日后，这些人都成了罗斯福竞选总统的有力支持者。

　　在某大学里，有一位从东北来的高个同学，每次碰见老师或同学，他都以十分欢快的声音叫出对方的名字与之打招呼，久而久之，大家一见他就心情愉快，并常抢先与他打招呼。在年终推选学生会主席候选人的时候，大家不约而同地想到了他。理由是，由他愉快的招呼声推测，他一定是个上进热情、精力充沛的年轻人，当然得选这样的人做带头人。

一位心理学家曾表示，在人们的心目中，唯有自己的姓名是最美好、最动听的东西。

　　每个人都很重视自己的名字，在与人交往中，记住别人的名字也非常重要。记住对方的名字，并把它叫出来，表明了你对他的重视；而若是把他的名字忘了，或写错了，就会引起对方的反感，使自己处于非常不利的地位。

　　在普选国家，一位政治家所要学习的第一课是："记住选民的名字就是有政治才能，记不住就是心不在焉。"记住别人的名字，在商界和社交上的重要性，就跟政治上的选举一样。

　　我们在日常交往中，如果遇到与自己并不熟悉却能叫出自己姓名的人，就会对其产生一种亲切感和知己感，相反的，如果见了几次面，对方还是叫不出自己的名字，便会产生一种疏远感、陌生感，增加双方的心理隔阂。所以，在初次交谈中，要好好记住对方的名字，在下一次见面时，亲切地呼唤对方的名字，这样，会让你获得更好的人缘。

现代人物质生活日益丰裕，而人际往来、沟通却越来越少了。生活在公寓里的人常常不知自己对面邻居家的情况。在走廊、过道相遇也漠然而过。谁也不愿抢先招呼对方，问候一声。许多人也为这种"人情淡漠，世风日下"而忧心忡忡。

其实，只要你大方而真诚地从第二天起，对你的邻居、朋友、同事抢先打招呼，问候他们，就会发现，别人与你一样正渴望这一层妨碍友情的纸被捅破。

一句很普通的问候，一种欢快的语调，会给人留下良好的印象。所以下次碰见你新认识的人，请以欢快的语调主动跟他打招呼。

熟记人名，做个有心人，欢快一点，主动一点，相信你的朋友会越来越多。

冷静从容面对羞辱

生活中也许会有一些冲动或没有教养的人对你说下面的话：

1. "说话之前应该先想一想。"

当对方如此指责你时，不见得是提醒你多思考，而是指责你说的话令他不快。这时，你可以把重点放在时间的问题上："很抱歉，是我疏忽了，那么依您看，说话之后该怎么样呢？"

或者接受他的好意："你说的是，我尽力而为。不过，我一向习惯在你开口说话之前，先思考我该说什么话。"

或者你可以表示为他抱不平的态度："可是如果我想了而你没有想，对你不是太不公平吗？这样太失礼了。"

最简单的方法就是报以微笑，然后默默不语，如果对方等得不耐烦，想再说什么，你就打断他："嘘！我正在想呀！"

2. "你父母是怎样教你的？"

谈话之中突然牵扯到你的父母，这是最令人生气的事，但是你千万别因此而生气，对方可能只是一时冲动而说的气话。

这时你不妨默默想一会儿，再说："我不记得了，恐怕得麻烦你亲自去问他们。"

或者态度谨慎而肯定地回答他："我很抱歉使您恼怒，但是我想这么没礼貌的问题，不应该从一位绅士口中说出来。"

3. "你以为你是谁？"

这种话通常是对方恼羞成怒时，最容易脱口而出的话。这时，你不妨谦和一点，请教他："我倒没想过这个问题，你呢？你认为自己是谁呢？"或者以开玩笑的方式说："我不大确定，不过我应该算是个大人物吧！有不少人找我说话呢！"或是："现在吗，我以为我是受害者。对于你的怒气，我感到十分无辜。"你也可以促狭一点，指指旁边的人："我自以为是他，你可以问问他自以为是谁。"

4. "你连这点小事都做不来吗？"

如果对方如此询问你，这时你可以向他求教："我不知道，请问你可以告诉我第一步该怎么做吗？"

在人与人的交谈中，难免会因一时恼怒而说出气话，也许对方话一出口就已经后悔，但是因为你的愤怒反应，使他不甘示弱而与你针锋相对。因此，判断对方是无心之语时，你不妨较有技巧地应对，让对方心平气和，自觉失言。

当然，假如对方很明显是蓄意惹怒你，你不妨机灵地回敬他一句，然后选择离开，但千万不可大发雷霆，使场面一发不可收拾。

公然直接羞辱人的语言大都有一个共同点：说话的人很冲动，而且被逼得无话可说，你千万不能因为对方的一句辱骂，变得像他一样失去理智，否则你们两个人之间的关系将会决裂，无法补救。最好的对策是保持冷静，从容应对。

第六章
真理是由争论确立的

辩论，是参与谈话的双方，就同一问题，站在对立的立场上，针锋相对地论争。在争论中通过质疑、诘难和驳斥等手段揭露对方的矛盾之处，从而占据优势，确立自己的论断。最后，取得正确认识，肯定共同的见解。辩论的作用在于探求真理，明辨是非，正如马克思所说：「真理是由争论确立的」。

　　战国时期齐国贵族孟尝君的封地薛遭到了楚国军队的攻击。这时候，淳于髡从楚国出使回来，路过薛地，于是孟尝君将他邀请到自己的府中。

　　几天后，孟尝君亲自将淳于髡送到了郊外，并对他说："现在楚国人正在气势汹汹地攻打薛，假如先生您不能帮助我的话，恐怕我再也不能侍奉您了。"

　　"我明白您的意思了！请放心吧！"淳于髡恭敬地回答。淳于髡回到齐国后，向齐宣王如实地禀报了出使楚国的情况。

　　齐宣王问："您到楚国感觉如何？"

　　"楚国很贪婪，薛也不自量力。"

　　"嗯？先生此话作何解释？"齐宣王十分不解地问。淳于髡不紧不慢地解释道："薛不自量力，为先王立了宗庙。楚国因为贪婪而出兵攻打薛，薛的宗庙也必定危险。因此我说薛不自量力，楚国太贪婪。"

　　齐宣王听罢顿时脸色大变："啊？哎呀！原来先王的宗庙在那里啊！"于是齐宣王立即发兵救薛，薛地由此而得以保全。

语言是讲究智慧和艺术的，很多时候，劝说他人而未被听从，责任不单单在被劝说的人，也在劝说者自己。

先声夺人，占据主动位置

借论题中某些关键字眼做出有利于己方的解释，利用事实展开论点，从而先声夺人，先发制人，占据主动位置。这是论辩中最常用的一种策略，在辩题对己方明显不利的情况下尤其适用。

1986 年亚洲大专辩论会上，新加坡国立大学队和香港中文大学队展开辩论，辩题是："外来投资能够确保发展中国家经济高速成长。"

香港中文大学队为正方，新加坡国立大学队为反方。显然，从命题上看，香港中文大学队处于不利地位。因为"确保"一词是个值得推敲的词语，如果把"确保"理解成绝对保证，那么，正方香港大学中文队几乎是无理可辩。

不过，香港中文大学队也有高招，他们采取"先发制人、先声夺人"的策略，开场就提出"确保"并不是指百分之百保证。比如在中国内地的客车里，广播员常说："为了确保各位旅客的安全，请不要扶靠车门。"这并不是说只要不去扶靠车门，乘客的安全就百分之百得到保证了。

香港中文大学率先定义"确保"一词的含义，为自己的论点开辟了广阔的活动舞台；而反方新加坡国立大学队又没有令人信服地证明"确保"就是百分之百地保证，因此，香港中文大学就化不利为有利，牢牢把握了辩论场上的主动权，并最终获胜。

可以设想，如果不是采用了先声夺人、率先定义的方法，而是在承认"确保"就是百分之百地保证的前提下与对方辩论，正方很难有取胜的希望。

"先发制人"重在一个"先"字，贵在一个"制"字。当你了解别人将要说一些对你不利的话或让你办一些不想办的事时，你可抢先开口，或截，或封，或堵，或围，或压，或劝明确告知对方免于开口；或打断对方的话题，用其他话语岔开。这样就能牢牢掌握交际的主动权，达到自己的目的。

辩论成功八字诀

辩论成功八字诀，包括旗帜鲜明、快人快语、逻辑严密、幽默风趣等。

1. 旗帜鲜明

辩论必须做到观点正确，旗帜鲜明。在辩论中。对原则问题，要语言明确，毫不含糊。自己爱什么、恨什么、拥护什么、反对什么，都必须鲜明地体现在自己的言辞之中。逻辑的力量在辩论中是不可低估的，要取得辩论的胜利，必须有正确的论点、充足的论据和有力的论证。当然，也应注意用词艺术，考虑不同对象可能接受的程度。

2. 快人快语

论辩口才形态与对话、答问一样，都具有临场性的特点，面对来势猛烈的攻击，留给论辩者的思考时间不多，因此必须反应敏捷，在瞬间选用简洁、凝练的话语回击对方，出口成章，应对自如。在针锋相对的激烈舌战中，论辩者必须"兵来将挡，水来土掩"，使用锋利、明快、有力度的语言，迫使对方顾此失彼，节节败退，难以招架。

3. 逻辑严密

论辩中要善用逻辑利器，或攻其命题，或驳其论据，或揭其论证的荒谬，充分体现论辩语言的思辨特征，使对手无暇思索。

4. 幽默风趣

幽默在论辩中有着神奇的力量。试想在剥去对方的伪装，或者找出对方的漏洞时，寓刀枪锋芒于说笑之中，以辛辣的讽刺，痛快的驳斥，使对手不得不在哄堂大笑中败下阵来。

用气势压倒对方

气势，是说话时相当重要的一个加分关键，若你有所坚持，但畏畏缩缩、矮人一截、不敢与人针锋相对，你的坚持恐怕就无法坚持了。因此，当对方言辞犀利，你的言辞就要更犀利；对方有气势，你的气势就要更胜他一筹，理直气壮、临危不惧，先以气势压倒对方。

《古文观止》中有一篇《唐雎不辱使命》的文章。

骄横的秦王想要吞并安陵，便无理地表示欲以五百里土地交换安陵。安陵君不同意，便派唐雎出使秦国。当秦王听说安陵君不愿交换土地时，顿时脸色大变，怒气冲冲地对唐雎说："你听说过天子发怒吗？"

唐雎回答说："我没有听说过。"

秦王说："天子发怒，能让百万人尸骨成山，血流成河！"

唐雎说："大王听说过百姓发怒吗？"

秦王说："平民百姓发怒，不过是摘下帽子，赤着双脚，拿脑袋撞墙罢了。"

唐雎说："那是庸人的发怒，不是勇武者的发怒……如果勇武的人真的发了怒，倒下的虽不过两人、血水溅过的地面也只有五六步，但是普天下都得披麻戴孝。现在勇士发怒了！"说完，他拔出宝剑，挺身而起。秦王一见顿时慌了，忙对唐雎说："先生息怒，先生请坐下来谈，何必生这么大的气。现在我明白了，韩国、魏国都灭亡了，独有安陵君这个仅有五十里地的小国还存留下来，就是因为有先生这样的勇士啊！"

在这一斗争过程中，唐雎针对秦王的贪得无厌，临危不惧、据理力争，甚至以死相搏，终于使秦王心虚胆战而作罢。

凭借勇气，领先气势，步步逼近，是针锋相对法的基本要点，掌握了此法，在论辩中才能体会到"道高一尺，魔高一丈"的真正含义。

民国将军冯玉祥任职陕西督军时，得知有两个外国人私自到终南山打猎，打死了两头珍贵的野牛。冯玉祥把他们召到西安，责问道："你们到终南山行猎，和谁打过招呼？领到许可证没有？"

对方答："我们打的是无主野牛，用不着通报任何人。"

冯玉祥听了，带着怒气说："终南山是陕西的辖地，野牛是中国领土内的东西，怎么会是无主呢？你们不经批准私自行猎，就是违法。"

两个外国人狡辩说："这次到陕西，在贵国发给的护照上，不是准许带枪吗？可见我们打猎已经获得了贵国政府的许可，怎么是私自打猎呢？"

冯将军反驳说："准许你们携带猎枪，就是准许你们打猎吗？若准许你们携带手枪，难道就表示你们可以在中国境内随意杀人吗？"

其中一个外国人不服气，继续说："我在中国十五年，所到的地方没有不准打猎的，再说，中国的法律也没有规定外国人不准在境内打猎。"

冯将军冷笑着说："的确是没有规定外国人不准打猎的条文，但是，难道就有准许外国人打猎的条文吗？你十五年没遇到官府的禁止，那是他们昏庸。现在我身为陕西的地方官，我没有昏庸，我负有国家人民交托的保家卫国之责，就非禁止不可。"

至此，这两个外国人也只能承认错误了。

冯玉祥没有像多数官员那样卑躬屈膝，而是用昂扬的气势捍卫了一个中国将军的尊严，也捍卫了自己国家的领土主权。在面对强敌时不应一味地妥协退让，而是应该据理力争，首先在气势上压倒对方，优势自然就落到了你这一边。

诱使对方说"是"

日本有个聪明绝顶的小和尚一休，有一次，大将军足利义满把自己最喜爱的一个龙目茶碗暂时寄放在安国寺，没想到被一休不小心打碎了。

大家顿时大惊失色，不知所措，茶碗已被一休打碎，拿什么去还给足利义满呢？

一休道："不必担心，我去见大将军，让我来应付他吧！"

　　一休对将军说："有生命的东西到最后一定会死，对不对？"

　　足利义满回答："是。"

　　一休又说道："世界上一切有形的东西，最后都会破碎消失，是不是？"

　　足利义满回答："是。"

　　一休接着说："这种破碎消失，谁也无法阻止是不是？"

　　足利义满还是回答："是。"

　　一休和尚听了足利义满的回答，露出一副很无辜的神情接着说："义满大人，您最心爱的龙目茶碗破碎了，我们无法阻止，请您原谅。"

　　足利义满前面已经连着回答了几个"是"字，所以他也知道此事不宜再严加追究了，一休和尚就这样安然地渡过这一难关。

　　在论辩中，可以先巧设陷阱，让对方在没有防备的情况下，诱其说"是"。对手在不知不觉中会一步步坠入圈套，这时候便牵住了他的"牛鼻子"，迫使对方不得不就范。诱使对方多说"是"的方法被称为"苏格拉底式问答法"，在论辩中有特殊的作用。

　　诱使对方说"是"的方法是，辩论开头切勿涉及有争议的观点，而应顺应对方的思路强调彼此有共同语言，或者能达成共识的话题，然后从对方的角度提出问题，诱使对方承认你的立场，让对方连连说"是"。与此同时，一定要避免对方说"不"。

引用历史事例增强说服力

在论辩中，引用确凿的历史事例，将历史的前事与现在论证的后事联系起来，比较对照其共同点，模拟推理，就能够察古洞今，记取历史教训，增强说服人的威力。

1939 年，德国物理学家哈恩发现了中子裂变现象，人们从中预见裂变会产生连锁反应，利用它可以研制出一种威力巨大的武器——原子弹。当时，美国的一些物理学家听说德国想要研制原子弹的消息，心急如焚。他们找到了大科学家爱因斯坦，要求他上书罗斯福总统。爱因斯坦立即写信给罗斯福，请他重视核武器的研制，赶在纳粹德国之前造出原子弹。

但是，要实现这一主张，必须说服罗斯福总统。派谁去说服呢？爱因斯坦等科学家选中了罗斯福的朋友——国际金融家萨克斯。萨克斯好不容易才得到机会跟罗斯福会面，并简洁地转述了爱因斯坦信件的内容。可是，罗斯福的反应非常冷淡："这些东西在外行人听起来真是神乎其神，请转告你的物理学家，我会为他的成功祈祷。不过我觉得，在现阶段，进行这件事似乎还太早……"

萨克斯在离开罗斯福的办公室之前，急中生智，给罗斯福讲了一个故事。他说："在上个世纪初，法国拿破仑总统凭借他强悍的军队，几乎席卷整个欧洲，但就是打不下英国，因为当时英国拥有强大的海军和战舰。就在这时，一位年轻的美国科学家富尔顿来到拿破仑面前，建议他在每艘战舰上加装蒸汽机，这样，在任何恶劣天气的情况下都能横渡英吉利海峡，出奇制胜地登陆作战。但是，拿破仑却对没有帆的船没有信心，于是他对发明家报以冷嘲热讽。"萨克斯说完后，又补充一句，"历史学家评论这段历史憾事时认为，要是拿破仑当时能够采纳富尔顿的建议，那么19世纪的欧洲历史将要改写了。"

听完之后，罗斯福总统被打动了，于是他随即在爱因斯坦的信上签署："此事须立即付诸行动！"从而揭开了原子弹制造史的第一页。

"就坡骑驴"，一招胜敌

"就坡骑驴"是一种论辩技巧的具体比喻。当对方的观点对你有利的时候，不妨首先支持他的说法，然后在其观点上添加一些他所缺少的东西，一招胜敌，就如同就坡骑驴或借梯登高一样。

在美国内战之后的一次竞选中，战士约翰·爱伦与功勋卓著并曾就任过三次国会议员的陶克将军竞选国会议员。从地位和功勋来说，爱伦显然处于劣势，然而经过一次竞选演讲，爱伦却取得了胜利。

陶克将军在竞选演讲时说："诸位同胞们，记得就在十年前的昨天晚上，我曾带兵在茶座山与敌人激战。浴血奋战之后，我在山上的树林里睡了一个晚上。如果大家没有忘记那次艰苦卓绝的战斗，就请在选举时不要忘记那个风餐露宿而屡建战功的人。"陶克将军列举自己的战绩，唤起了选民

对他的充分信任。他的话果然激起了选民的阵阵掌声和
欢呼。

　　接着是约翰·爱伦演讲，他说："同胞们，陶克将军说
得没错，他确实在那次战争中立了功，我当时就是他手下的
一名无名小卒，替他出生入死，冲锋陷阵。这还不算，当他
在丛林中安睡时，我还携带着武器，站在荒野上，忍受着寒
风冷露保护他。"

　　他的话音一落，立即引起了选民更为热烈的掌声。论
功绩，爱伦当然比不过将军，但他巧妙地避开这些话题，
只就战后在山上露宿这一点来讲，着意使选民们明白：
将军虽然辛苦，毕竟还可以在丛林中安睡，战士还得站
岗保卫上级。

　　这就是爱伦取得选民同情的原因。将军固然可以成为民众意志的
代表，当选议员；像爱伦这样出生入死而没有功劳的士兵，也可以作
为民众的代言人，选民们的这种心理，给爱伦造成了有利条件，最终
选民选择了他。

寓讽刺于比喻之中

　　比喻，就是根据两类对象某些相同或相似的属性而推出它们可能
有其他相同或相似属性的逻辑方法。这样得出来的结论是或然性的，
但它是根据事物的某种相同点，用已知的事物说明未知的事物，所
以，能起到启发联想和触类旁通的作用。因此，作为一种技巧，比喻
在辩论中得到了广泛的运用。

齐国的晏子出使到了楚国，楚王安排酒宴招待晏子。正当他们喝得酒酣耳热的时候，两名武士押着一个囚犯从堂下走过去，楚王问："那个囚犯犯了什么罪？他是哪里人？"

武士答道："犯了偷盗罪，是齐国人。"

楚王对晏子说："原来齐国人惯于偷盗啊！"

晏子离开座位回答说："我听说，橘生淮南则为橘，生于淮北则为枳，其叶子的形状虽然相同，但果实味道却不同。今天，我们齐国的百姓在齐国都是安分的良民，而到了楚国却变成了盗贼，可能是楚国的环境适合于培养盗贼吧！"

只是这样一个小小的比喻，就把楚王搞了个灰头土脸，自讨没趣。

用比喻的方式讽刺对方，可使讽刺更加有力，让问题更加尖锐，对手自然措手不及。此辩术妙在寓讽刺于比喻之中，珠联璧合，并且将复杂的问题简单化，深奥的道理浅显化，抽象的事物具体化。最重要的是讽刺对方时，借用一个比喻，不但能确证自己的命题，还能增加对方反驳的难度，因为对手除了要反驳你的论题外，还得设法反驳你的比喻。

针锋相对地驳倒对方

所谓反驳，是指在辩论中一方说出自己的理由，否定对方跟自己不同的理论或意见。"针锋相对"就是人们通常所说的"针尖对麦芒"。论敌言论锋利，自己言辞要更锋利；对方有气势，自己就更要有气势。以势对势，以快打快，以强击强。运用这种方法要求论辩者义正词严，理直气壮，临"威"不惧，在论辩中产生一种闻之震耳、以正压邪的作用。

> 在联合国的一次会议上，菲律宾前外长罗慕洛和苏联代表团团长维辛斯基发生了一场激烈的辩论。罗慕洛批评维辛斯基提出的建议是"开玩笑"，维辛斯基立即做出了十分无礼之举，他说道："你不过是个小国家的小人罢了。"维辛斯基刚说完，罗慕洛就站起来，告诉联合国大会的代表说，维辛斯基对他的形容是正确的，但他又接着说："此时此地，将真理之石向狂妄巨人的眉心掷去——使他们的行为检点一些，这是矮子的责任。"罗慕洛的话博得了代表们的热烈掌声，而维辛斯基只好干瞪眼，什么话也说不出来。

在这则事例中，维辛斯基身为苏联代表团团长，虽然来自一个超级大国，却出乎意料地在联合国大会上对别国外长进行人身攻击，完全违背了国际友好交往的基本礼仪，表现出低劣的思想和修养，受到与会者的唾弃是可以想象的。反观身为"小国之臣"的罗慕洛，论国土面积，菲律宾远不如苏联的一个州大；穿上鞋子后，罗慕洛身高只有 163 厘米，但他面对一个超级大国外交官员严重的失礼毫不畏惧，为了维护自己及国家的尊严和形象，他勇敢而巧妙地运用了一个形象的比喻，当众抨击对方的卑劣行为。虽然他谦逊地自称为"矮子"，但却不是一般的"矮子"，而是能举起"真理之石"向"狂妄巨人的眉心掷去"的人，真理在他手上；虽然他也把对方比作"巨人"，但这却是一个在国际交往中"行为不检点"的"巨人"。

这样，"举起真理之石"的"矮子"与"行为不检点"的"巨人"正好成了鲜明的对照，有力地表现了菲律宾国虽小，却不容侮辱的严正立场，准确而有分寸地批评了身为大国之使的苏联代表团团长有失检点的恶劣行为。

舌战时，对准论敌提出的命题，针锋相对地予以驳斥，击中其要害，对方的观点站不住脚，自然就会败下阵来。

以子之矛，攻子之盾

对一些错误的思想、观点，如果我们能及时抓住对方在概念、判断、推理中的某些悖论，借用原话，指出其不能自圆其说的逻辑矛盾，对方的论点就不攻自破了。这就是以子之矛，攻子之盾之术。

在日常生活中，人们不能像上逻辑课那样，指出对方的逻辑错误，也没有必要那样做，因为如果都这样就会影响人际关系。但是如果遇到诡辩的时候，反驳对方时，能够将逻辑与机智融为一体，便会使反驳更加有力、更加有趣。

古希腊的文学家欧伦斯庇格有次去饭店用餐，他很饿了，可是店主的牛肉没烤好。店主建议说："可以随便先吃点现成的东西，然后再吃正餐。"于是，他就吃了不少干面包。

吃饱之后，他坐到烤肉炉边，等到肉烤熟后，店主请他上桌就餐，他随意回答说："烤肉的时候，我闻味儿都闻饱了。"说完之后就躺在炉边打起盹来。最后，当店主来收烤肉钱时，欧伦斯庇格因没吃烤肉，而拒绝付钱。店主则说："掏钱吧！你不是说你闻肉味儿都闻饱了吗？所以你应与吃肉的人付一样多的钱。"

见店主这么说，欧伦斯庇格便掏出一枚银币扔到长凳上，对店主说："你听到钱的声音了吗？"

店主说："听到了。"

欧伦斯庇格马上拾起银币，重又放回了钱袋，说："我的银币的声音正好够付我闻了你的烤肉味儿的钱了。"

店主一听，傻眼了，只好放欧伦斯庇格走了。

店主将"吃肉"的概念偷换成"闻肉"，这种混淆是非的诡计被聪明的文学家看穿了，他就"以其人之道，还治其人之身"，以听"钱声"付闻"肉味"的钱，自然顺理成章。

声东击西的策略

战国时，公输般替楚国监造云梯，并准备用它来进攻宋国。

墨子听到这个消息后，就从齐国动身，到楚国的郢都见公输般，并劝他不要为楚国造云梯去攻打宋国。

公输般问："先生有什么指教？"

墨子故意说："现在北方有人想侮辱我，我想借你的力量杀了他，事成之后，我送您一千两黄金。"

公输般很不高兴地断然拒绝道："我是讲仁义的人，不能随便杀人。"

墨子见公输般口称"仁义"，立即借题发挥，慷慨激昂地说："请允许我向您进言。我在北方听说您造了云梯，要去攻打宋国。宋国有什么罪呢？楚国本来就土地多、人民少，却拼命在战争中葬送自己本来就不足的人民，以争夺更多的土地，这不是很不智吗？宋国没有罪却要去攻打它，不能算仁爱；懂得这个道理，却不身体力行地以理抗争，不能算忠臣；抗争不达到目的，不能算坚强；杀一个人认为是不义，却去杀更多的人，不能算会类推事理。"

公输般被说得哑口无言，只好承认自己为楚国造云梯去攻打宋国是错误的。

声东击西是论辩中常用的一种技巧。明说东暗指西，"声东"是假象，意在隐藏真实的意图，"击西"则是目的，最后旋尔出击。

在上述故事里，墨子先以请求公输般助杀北人的话来"声东"，诱使公输般亮出"我是讲求仁义的人，不能随便杀人"的观点。这既为墨子的下文蓄势，也为墨子的"击西"提供了所需要的大前提，墨子立即抓住机会，以公输般造云梯以备攻宋的铁的事实和此举一不智、二不仁、三不忠、四不义的雄辩分析，向公输般连番责难。

这段"击西"字字千钧，句句透辟，公输般欲辩无辞，除了认错，别无他路。

情中寓理，交替转化

要想在论辩中取得成功，必须做到情与理的密切结合，综合运用、交替转化。没有情感的配合，只是说些抽象的道理，缺少震撼人心的力量及共鸣，难以使人折服。但是，也不能由此反客为主，认为辩论中只要诉诸情感就够了，不需要有理性的参与。毕竟论辩的目的在于真理的探索和追求，最终决定论辩成功与否的关键仍在于理而不是情。情是感性的、具体的、生动感人的，但情感较难深刻揭示事情的本质，它的主要作用是打动人。因此，情感有待上升到理性，以逻辑的力量、论理的形式揭示事情的本质。当然，理也需要情来配合帮助。

所以，最好的论辩方式应该是情中寓理，二者密切配合，交替转化。

18世纪中叶，北美殖民地的人民争取自由独立的呼声越来越高。但是，当时美国一些资产阶级的领导人却主张向英国妥协，致使英国殖民者更加猖狂，甚至调集大批军舰，企图用武力镇压北美人民的反抗。就在这决定美国前途命运的紧要关头，著名的政治家帕特里克·亨利，于1775年3月23日在弗吉尼亚州议会上勇敢地站了出来，他坚决反对妥协，号召人民用武力反抗英国殖民者。

亨利是一位具有丰富经验的论辩家，他知道自己所面对的不仅仅是几个声嘶力竭、高喊和平与妥协的人，还有广大的听众，他们之中有不少人也为妥协派的"和平"叫喊所迷惑，在一定程度上同情和支持妥协派的观点。因而要取得论辩的胜利，关键是争取听众与自己的感情共鸣。

听过几位妥协主义者发言之后，亨利没有针锋相对地痛斥这些人的观点，反而称赞了他们的"才干和爱国之心"。他心平气和地提及"国家正处在兴败存亡之际，而各人有各人的见地"，自己的发言并不是"对先生们不恭"，"我们的论辩应该允许各抒己见，只有这样，我们才有希望得到真理，才可能对上帝和祖国尽神圣的职责"。他的这种手法，实际上是先动之以情，缓解这部分听众对自己的抵触情绪。但是亨利深深明白，光靠感情诉求，是不能使武装反抗的口号和方针成为群众的自觉行动的，它还需要说理的配合，要以充分的论据，说明英国殖民者的目的，驳斥投降派的论调。下面是亨利把强烈的感情和严密的逻辑互相配合、交替使用的一次有名的论辩：

"我只有一盏指路明灯，那就是经验之灯。除了以往的经验之外，我不知道还有什么更好的办法来判断未来。既然要以过去的经验为依据，我倒希望知道，十年来英国政府的所作所为中有哪一点足以证明各位先生用以安慰自己及各位代表的和平希望呢？难道就是最近我们请愿时所露出的阴险微笑吗？不要相信它，各位先生，那是在你们脚下挖的陷阱。不要让人家的亲吻把你们给出卖了。请诸位自问，接受我们请愿时的和善微笑与如此大规模的海陆战争准备是否相称。难道舰艇和军队是对我们的爱护和对战争调停的必要手段吗……"

"我要向主张和解的先生们请教，这些战争的部署意味着什么？如果说其目的不在于迫使我们屈服，那么有哪位先生能指出其动机何在呢？在我们这块土地上，还有哪些对手值得大不列颠征集如此规模的海陆军队？不！各位先生，没有其他对手了。一切都是针对我们来的。"

"有人说我们的力量太单薄了，不能与如此强大的敌人抗衡。但是，我们何时才能强大？"

在态度严峻、言辞激烈的说理之后，亨利又运用更加丰富的感情，增强自己论辩的感人力量。他越说越激动，最后发出震撼人心、动人心弦的呼喊，把已经煽动起来的听众情绪一下子推向了高潮：

"那些先生们也许要大声疾呼和平的重要，高喊要和平，但我们已无和平可言，战争已经开始！起源于北部的狂飙为我们带来了刀剑的铿锵声，我们的同胞已走上战场！我们怎

能袖手旁观？大家还在期待什么？结果又将如何？难道生命
这般珍贵，和平如此诱人，以至于不惜以戴镣为奴的代价来
换取？万能的上帝啊！制止这种妥协吧！我不知道别人将如
何行事，但对于我来说，不自由，毋宁死！"

在这里，亨利十分注意情中寓理，他通过分析说理巧妙地表明了
自己的观点，他的论辩不仅没有激怒那些与自己观点对立的人们，还
赢得了广大群众的信任，使全场响起了"拿起武器"的呼喊声。主
张妥协投降的人只好放弃自己的主张，亨利"情中寓理"的论辩最
终取得了完全的胜利。

以谬制谬，以毒攻毒

"以谬制谬，以毒攻毒"，是在言语论辩中用对方的荒谬逻辑推
出更为荒谬的事物来反驳对方，让对方搬起石头砸自己的脚，其观点
不攻而破。

战国时期，楚庄王有一匹心爱的马死了，他非常心疼地
要群臣为其办丧事，并想用大夫的礼仪予以厚葬。大臣们都
觉得荒唐，纷纷劝他别这么做。楚王不仅不听，反而下令
说："凡敢再为葬马之事谏劝者，一律处死。"众大臣都惊
惧得不敢说话。
优孟听说后，号啕大哭地走进王宫，楚王好奇地问他为
什么哭，优孟说："那死去的马是大王最心爱的，像楚国这
样一个堂堂大国，对这匹马只以大夫的礼仪埋葬，未免太寒
酸了，请用君王之礼厚葬它吧！"

楚王问："照你看，怎么办才好呢？"

优孟慢慢地说道："拿白玉做棺，红木做椁，调集大批士兵挖坟，发动全城男女挑土。出殡时，要齐、赵两国之使臣在前头陪送，让韩、魏使节在后面护卫，还要建一祠庙，放上牌位，追封它为万户侯，这就能让天下人知道，大王您是重马轻人的君主了！"

楚王听了，幡然悔悟："我的过错竟如此之大，那么，现在我应该怎么办呢？"

优孟见楚王听进了他的话，就建议道："以灶头为椁，铁锅为棺，放上花椒、桂皮、生姜、大蒜，把马肉煮得香喷喷的，让人们饱食一顿。"

楚王见优孟说得有理，就下令照办了。

洞察对方的荒谬论点，看其论点是否真实，论据是否能支持论点，推理过程是否符合逻辑；如果结论是否定的，就可以把对方的荒谬论点夸大，使其暴露得更加明显，以达到反驳的目的。

"攻心"才是上策

兵法上言："心战为上，兵战为下"，意思是"攻心"才是真正的上策。论辩犹如用兵，也要注重心理战术，论辩中的"攻心为上"就是揣度对方心理，注意论辩对策的合理性和合意性，使对方心理发生变化，就能成功瓦解对方的斗志。

1941年圣诞节前，丘吉尔去了美国，希望说服美国人和英国人联盟，立即对德宣战，以扭转英国在第二次世界大战期间所面临的危机。可是当时不少美国人对英国人不抱好感，反对介入对德战争，这无疑给丘吉尔的说服工作增加了许多难度。但丘吉尔不愧是著名的论辩家，他在进行说服工作时十分注意攻心技巧的运用，用情感来打动美国人的心，化解了他们的对立情绪，把英国人当作"自己人"，从而转变了态度，支持政府援助英国，参加对德作战。

丘吉尔说："我远离祖国，远离家园，在这里欢度这一年一度的佳节。但我并不觉得寂寞孤独。或许是因为我母亲的血缘关系，或许是因为我在这里得到的许多友谊，让我根本不觉得自己是个外来者。我们的人民和你们讲着同样的语言，有着同样的宗教信仰，追求着同样的理想。我感受到的是一种和谐的、亲密无间的气氛。"

"此时此刻，在一片战争的混乱中，今晚，在每一颗宽容无私的心灵中都得到了灵魂的平安。因此，至少我们可以在今晚，把那些困扰我们的各种担心和危险搁置一边，并在这个充满风暴的世界里，为我们的孩子准备一个幸福的夜晚。那么，此时此刻，在今天这个夜晚，讲英语世界中的每个家庭都应该是一个阳光普照、幸福和平的小岛。"

丘吉尔从两国人民间共同的语言、共同的宗教信仰、共同的理想及长期的友谊切入，将这些共同点作为彼此相信、相互了解的基础，并把它提出来，用讲英语的家庭都应过一个和平安详的圣诞节这样的话语，打动了无数美国人的心，使他们改变反战立场转而与英国结盟。

林肯也擅长巧妙地运用攻心为上之术。他曾经说过："不论人们如何仇视我，只要他们肯给我一个说话的机会，我就可以说服他们。"

他之所以如此自信，就在于将别人和自己之间的心理距离拉近，使之由仇视变为好感。下面是他在竞选总统的演说词中争取民众、化仇恨为好感的一个例子：

"南伊利诺伊州的同乡们，肯塔基州的同乡们，密罗里州的同乡们，听说在场的人群中，有些人想和我为难，我实在不明白你们为什么要这样做，因为我也是一个和你们一样爽直的平民。为什么我不能和你们一样有着发表意见的权利呢？亲爱的朋友，我并不是来干涉你们的，我也是你们中间的一分子，我生于肯塔基州，长于伊利诺伊州，和你们一样是从艰苦的环境中挣扎出来的。我了解南伊利诺伊州和肯塔基州的人，我也了解密罗里州的人，因为我是你们中间的一分子。而你们也应该更清楚地认识我。如果你们真的认识我了，你们就会了解我，知道我不会做对你们不利的事。同乡们，请不要做蠢事，让我们以友好的态度交往。我立志做一个世界上最谦和的人，绝不会损害任何人，也绝不会干涉任何人。我现在对你们诚恳地请求的，只是请求你们允许我说几句话。你们是勇敢而豪爽的，我想这一点要求，不会遭到拒绝。现在让我们诚恳地讨论这个严重的问题吧……"

攻心为上技巧的运用，在林肯竞选总统成功的过程中起了重要作用。他以朴实而富有情感的话语击败了用语华美、口若悬河的对手道格拉斯，赢得了亿万选民的心，原来竭力反对他的那些州的选民，在听了他的竞选论辩后，也为其真情所感动，转而投了他的票。

第七章
职场语言艺术

求职是一件比较麻烦的事情，但是如果掌握了求职的语言艺术，就能够事半功倍了。

求职这事不但需要求职者具有随机应变的头脑，更重要的是求职前做好相关的准备工作，未雨绸缪，如此方能灵活自如地应对一切问题，以不变应万变。

戴维："很抱歉，我们的谈话随时有可能被打断。不过，法拉第先生，你很幸运，此时此刻仪器还没有爆炸。你的信和笔记本我都看了，你在信中好像没有说明你在什么地方上大学。"

法拉第："我没有上过大学，先生。"

戴维："噢？从你的笔记看来，你显然具备足够的理解能力，这又怎么解释呢？"

法拉第："我尽可能学习一切知识，并在用自己的房间建立的实验室进行试验。"

戴维："唔，你的话使我很感动。不过科学太艰苦了，付出极大的努力只能得到微薄的报酬。"

法拉第："但是，我认为，这件工作本身就是一种报酬！"

这段对话十分精彩，它是英国科学巨匠法拉第当年向戴维爵士求职时的对话。可以看得出，戴维爵士强调的是从事科学研究的艰苦，必须付出代价；而法拉第表示的是对知识的强烈渴望和对科学的执着追求。结果法拉第被戴维破格收为自己的助手。

常用求职方法综述

1. 自信幽默法

一位大学毕业生走进一家报社问主任："你们需要一位

好编辑吗?"言下之意自己当然就是"好编辑",语言很是
自信。

"不。"拒绝却是那么干脆。

"那么,好记者呢?"语言还是那么自信。

"不。"拒绝还是那么干脆。

"那么,印刷工如何?"依然是坚韧不拔。

"不。"看来是没戏了。

可是——

"我想,你们一定需要这个东西。"这位大学生从公事
包里拿出一块精美的牌子,上面写着:"额满,暂不招人。"

主任笑了,但也开始用一种新的眼光来审视面前这位年
轻人了。最后,这位年轻人被录用为报社销售部经理。

自信的语言应答不但有助于求职者吻合招聘者既定的聘用期望,
而且可能重新塑造招聘者的聘用愿望。

2. 见微知著法

国外某家企业欲招聘一名职员,有三位求职者报名。招
聘人员让这三个人想象正在砌砖盖房子,然后问道:"你们
在做什么?"

第一个应聘者说:"砌砖。"

第二个应聘者说:"我正在挣钱。"

第三个应聘者却说:"你问我吗?我正在修建世界上最
宏伟的高楼大厦。"

结果,第三个应聘者被录取了。

如果你作为公司的主管人员,不难想象这三个人未来发展的情

况。最可能的情况是：前两人依然是砌砖工。他们没有远见，不重视自己的工作，缺乏追求更大成功的推动力。这种人很难为企业的发展做出创造性的贡献。但是，那位把自己看成在修建高楼大厦的砌砖工决不会永远是个工人。也许他会成为工厂主或承包商，甚至成为有名的建筑师。第三个砌砖工已经掌握了新的思维方法，这为他在工作中的自我发展开辟了道路。

一个人的工作态度能说明他是否能担负大任。事实上，招聘者看求职者是否适合某项工作，经常注意这一点，就是看他对目前的工作有何看法。如果求职者认为自己的工作很重要，就会给招聘者留下深刻的印象，即使他对那项工作还有不满。道理很简单，如果他认为他目前的工作很重要，那很可能为他的下一个工作自豪。这是许多单位选用人的重要原则。一个人的工作态度同他的工作表现有着密切的关系。他的工作态度，正如他的仪表一样，会对上级、同事和下级，乃至他接触的大部分人说明他内在的品质。

3. 单刀直入法

在某市的大学生供需见面会上，该市公安局研究所的招聘桌前，围满了前来求职的男大学生。这时一个年轻的女大学生硬是挤到招聘桌前，向招聘人员表明自己渴望从事刑事检验分析研究工作。

招聘人员面露难色，因为这个研究所从来没有女工作人员。可是，面对着姑娘恳求的目光，招聘人员决定破例给她一次机会。

他说："工作人员需要亲临案件现场，遇到的全是血淋淋的场面，姑娘家哪敢去呢？"

"我就敢去，"这个姑娘双眉一挑，毫不含糊地说，"让我抬死人，我也不怕。"

"你可别说大话，干这行没黑夜，没白天，得随叫随到。"

"嘿！我假期打工就是给人家开车，跑起路来没点儿胆量行吗？"说着，她掏出了驾驶证。

人事干部这下服了，心里直嘀咕，这样泼辣能干的姑娘比有的小伙子还能干呢！这个研究所的人事干部当场拍板，与之签订了招聘合同。

这位姑娘求职成功的秘诀在哪里呢？她三言两语，坦率直陈自己的优点和长处。对于人事干部的发难并没有显露出丝毫的畏难情绪和踌躇神态，这一切均符合刑侦工作人员应该具备的心理素质。尽管如此，人事干部还是不太相信她的胆量，她亮出驾驶证并表明自己的胆量，这才使人事干部信服。我们试想一下，如果这位姑娘在这种场合讲话细声细气、畏畏缩缩，人事干部必难以相信她能够胜任刑侦检验研究工作。她话锋凌厉，单刀直入，快言直陈，而不闪烁其词，使人确信其具备刑侦检验研究工作应具备的品质，成功应不足为奇。

4. 绵里藏针法

说话时柔中有刚、绵里藏针，可以显示出一个人口才的娴熟程度，这也是个人求职取得成功的一大法宝。

一家外贸公司举行了一次别开生面的宴会招聘考试，有一位小伙子表现良好，深深吸引了招聘人员。

在宴席上，这位小伙子走到这家公司的人事经理面前举杯致辞："许经理，能结识你很荣幸，我十分愿意为贵公司效力。但如果确因名额有限我不能梦想成真，我也不会气馁的，我将继续奋斗，我相信，如果不能成为你的助手，那我就一定会当你的对手……"

小伙子言语得体，柔中有刚，充满自信，意志坚强。这是外贸工作最宝贵的性格。他的谈话彬彬有礼，不卑不亢，机智敏捷，性格开朗，具备了搞外贸的优良素质。他最后那句话提醒了这家外贸公司的人事经理：如果因为录取名额的限制，让这位优秀人才流失到别的公司，岂不是一大损失？最后，公司录取了这位青年。

5. 随机应变法

招聘者有时会出些尴尬情境中的难题，看应试者怎样应答。应试者如果表现出色，就能在一时之间赢得招聘者的好感。

> 国外一家旅馆老板测试三名男性应试者，问："假如你无意推开房门，看见女房客正在淋浴，而她也看见你了，这时，你该怎么办？"
>
> 甲答："说声'对不起'，然后关门退出。"
>
> 这个对答无称呼，虽简洁，但不符合侍者的职业要求，而且也没使双方摆脱窘境。
>
> 乙答："说声'对不起，小姐'，然后关门退出。"
>
> 这个称呼准确，但不合适，反而加深了旅客的窘迫感。
>
> 丙答："说声'对不起，先生'，然后关门退出。"
>
> 结果，丙被录用了。

为什么呢？因为他这种故意误会的说法，维护了旅客的体面，非常得体、机智，表现出一个侍者应该具有的职业素质和应变能力。

6. 折中艺术法

折中的语言是求职者遇到两难问题时，选择较为理想的回答办法。

日本住友银行招聘公关人员时，极为重视职员协调人际关系的才能。该银行没有专门考核业务知识，而是提出了一道别出心裁的判断题："当国家的利益和住友银行的利益发生冲突时，阁下采取何种对策？"

三类不同的应聘者提供的答案迥然不同。

第一类人回答："当国家利益跟我们银行利益发生冲突时，我会坚决地站在我们银行的立场上。"

银行主管人员认为，这样的人将来准会捅娄子，不能聘用。

第二类人回答："当国家利益和住友银行利益发生冲突时，我作为国家的一员，应该坚决保护国家的利益。"

银行主管人员认为，第二类人员适合政府部门的工作，也不可取。

第三类人则回答说："当国家利益和银行利益发生矛盾时，我要尽全力淡化矛盾。"

银行主管人员认为这种人才是住友银行需要的高手。企业同政府的关系往往集中表现在国家利益和企业利益上，企业公关人员作为企业与公众之间的媒介，只有注重社会整体的协调性，才有可能妥善处理好企业与国家的关系。

第三类人为何求职成功，而前两类人为何不成功呢？要成为一名公关人员，必须具备协调人际关系的才能和本领。在企业与其他影响企业生存发展的组织发生冲突时，公关人员既要消弭双方的分歧，又要维护双方的合法权益，这样才能保证公司顺利发展并与其他组织维持平衡和谐的关系。住友银行的问题可谓别出心裁，独具风格。在这种两难选择的情况下，求职者采用折中的答题方式，同时，提出若干建设性意见，这样有助于企业摆脱困境。这类人自然会博得招聘者的欣赏。

7. 角色互换法

奥地利精神分析学家弗洛伊德结婚后，夫人想请一位佣人，她询问几位应试者有没有什么要求，那几位姑娘有的说要有休息日，有的说要有单独的卧房，有的问能否和主人一起上桌吃饭，只有一位姑娘悄声说道："我希望成为家庭中的一员。"弗洛伊德夫人听后大为感动，当即决定聘用这位姑娘。

应试者受聘后能否与他人和睦相处，这是招聘主考官很关心的问题。如果应试者在面试中能恰如其分地表现出一种归属感，常能取得好效果。这位姑娘在面谈中谈吐不俗，她充分理解作为一个佣人，应当与雇主全家和睦相处，在心理上与雇主达成默契，这样有助于形成良好的家庭氛围。

事实上，招聘者招聘职员的目的，是寻求工作上的合作者或者"好帮手"。只有那些对单位怀有强烈归属感的人，才能与单位荣辱与共，同甘共苦。然而，求职面谈中，这一点往往为求职者所忽略，求职者应多从对方的立场上考虑问题，方能使招聘人员心怀好感。

8. 避虚就实法

在求职过程中，求职者要因时循势，避虚就实，说明自己的优点和长处，并不失时机地向招聘人员展露自己的才华和能力，这样，对方才会对你心中有数，从而形成积极、正确的评价，无形中就为求职成功增添了一份成功的希望。

小张是某师范大学中文系的本科毕业生，面临着毕业分配，许多同学急得像热锅上的蚂蚁，小张则悠然自得，神情自若，他同班同学极为惊讶他的表现，这小子葫芦里装的是什么药呢？原来小张已经打定主意到附近的师范专科学校求职，并向该校寄出了履历和学业成绩，师范专科学校已经向他发出了面试的通知。

面试这天，小张早早地来到这所学校，学校领导接见了他，并告诉他将与另外两名来自不同学校的 A 君和 B 君竞争同一职位。面试的第一个步骤是自我介绍，小张排在最后，他向领导表明自己出生于农家，决心献身教育事业，为提高当地人民的文化素质服务。但 A 君和 B 君自我介绍时，只简单介绍了自己在校的学业成绩和行为表现，未说明各自的求职动机。

随后，学校领导要求 A、B 和小张亮出各自的拿手好戏。小张把自己四年学习期间发表的散文、诗作展现在学校领导的面前。

小张不满足于表露自己在学校时已经取得的成绩，采用了避虚就实的策略，主动请缨，要求到讲台上露一手。他的提议也当即赢得了校方的赞同。俗话说："好马劣马，拉出来遛遛就知道了。"小张的课讲得生动活泼，这表明了他的口才和学识俱佳，是块做教师的好材料，当然受到校方的青睐。而 A 君和 B 君在真枪实弹的教学比武面前，却口才不佳，语不连贯，所以，他们俩的面试成绩较差，小张的求职自然大获成功。

9. 有的放矢法

交谈的成功不在于辞藻的华丽抑或朴实，也不在于据理力争或委婉柔顺，而在于交谈过程中，始终围绕着问题的中心去说明问题、解决问题。对于一个复杂的问题，如果三言两语难以解释清楚，则不妨详细地说出来，但要做到简洁而不烦琐重复，有时，还要根据表达的需要，将各个不同的讲话内容细致地组织，并考虑答话的顺序与步骤，取得较好的效果。

在一次求职面谈中，一家企业招聘人员问一位女大学生："国外一家企业的代理人携巨款来我市寻找适宜的投资对象，你作为我市某中型企业的法人代表，请问你将采用什么步骤赢得这笔投资？"

这位女大学生略作思考，回答道："首先，我需要了解对方详细的背景材料，例如，该公司的经营方针、项目、实力、已有业绩，当然也包括这位代理人的个人材料，最重要的是此次来中国的计划；其次，代理人来后，我应当与对方预约见面时间和地点，比如说可以通过电话，或与有关机构及个人联系；第三，与代理人商谈时，我应当使用他国的语言，以增加熟识感和亲切感；第四，这次接触不一定会成功，但是，我要尽我的所能给对方留下深刻而良好的印象，以期为下次合作打下基础。"

虽然这位女大学生的回答不尽圆满，但招聘单位还是录取了她。

女大学生的第一句话，说明了作为一个企业主管人员，要知己知彼，把握对方的背景资料，清楚地了解对方的底细，而她要了解的这个外商投资计划也表示了企业主管人员对当前活动重点的安排应有清楚的认识，这是面谈中最成功的一句答话。她回答的第四点也显得极为成功。胜败乃兵家常事，商界也是如此，没有所谓的常胜将军，因而企业主管人员与外商谈判时要保持良好的心理素质，胜不骄，败不馁，给外国人留下良好的印象，争取下次合作。

只要你掌握了这些求职的方法和技巧，就不愁找不到好工作。

在无机会中创造机会

求职工作的晤谈，即是应聘者为了展示自己的资格和能力与招聘者进行的谈话活动，是求职活动的第一步。在这个过程中，诚实是必需的，而那种打肿脸充胖子的行为是不宜的，这只能瞒骗一时。如果应聘工作的晤谈令你胆战心惊，那么，也许仅是因为你深深地明白自己究竟有几滴墨水。

据说，有一个求职者对商业广告极有研究，曾在无机会中创造机会。他曾去拜访一个大公司的经理。会面以后，他始终没有说出谋职的意思，只和经理谈天，在谈话中尽量巧妙地叙述广告对商业的重要性及其运用的方法，他举了许多有力的例子。

他的言谈最后引起了经理的兴趣，结果他没说出谋职，经理反而主动请他替公司试办设计广告业务，他的目的达到了，这就是仅凭一席话给自己创造机会的人。他有才干，而且懂得怎样用巧妙的谈话找到施展才干的职位。这种晤谈不同于社交拜会，不宜摆出一副安逸的姿态。谈话的范围应限于一定的界限内，不要谈办公室的陈设，不要谈对方的装束。你可以谦逊，但绝不可以谄媚，唯唯诺诺，那样，别人会觉得你一无是处。

另外，应征晤谈时间有一定的限制，所以当你说出你的能力，对方试探你的智慧时，简单作答是必需的。你必须把你的资格和能力，浓缩在一个很短的时间内交代清楚，所以准时就是你所受训练、教育及能力的最佳证明。

市场营销专业大四学生小刘已进入大学最后实习阶段，春节过完后，他每天早出晚归，到处寻找一份合适的工作。当他听说在市人才市场有场新春大型招聘会后，立马赶了过去，经过反复比较，他盯上了市内某大型商场品牌家电的销售岗位，并递交了简历。为了应聘成功，他利用通知面试的前一周时间，对该品牌的家电产品做了细致的市场调查，从市场份额、产品性能到竞争对手等各方面的情况都做了详细了解，并拿出了一份详实的市场调研报告。最后，他在面试

这一关用真材实料击败了众多高学历的竞聘者，被公司录用了。

小刘在入职前就针对目标公司和岗位，结合自己的专业知识，提供了可行性调研报告。和其他竞争者相比，他已经为面谈做好了充分的准备了，此外，站在用人单位的立场，也是最欣赏小刘这样能实实在在干工作，能给单位创造价值的员工。

另外需要注意的是，和面试者沟通的时候，即便需要发表意见，也要注意不可肆意批评对方的营业方法，更不可告诉对方说"我的计划一定成功"或"如果雇用我，必可使业务改良、发展"之类的话。这只能让对方心里称许，而不应由自己说出来，报告你的能力时不应流于自夸，得失仍应该让对方去评判。这样，即使你的见解和他不大相符，希望仍不会失掉。自夸必连带着固执，这样的态度只会使人厌恶。

如何通过面试

求职面试时，招聘者手中往往拥有许多求职履历表，在学历和工作经验等条件差不多的情况下，唯有精心设计，与别的应聘者相比，有独到之处的求职简历，方能引起招聘者的关注。而某些求职者之所以能够成功，关键在于他们在面试时的出色表现。

招聘人员提出的问题可能多种多样，但归纳起来不外乎以下十个问题。

1. 介绍一下你自己

招聘人员已经注意到你是否按时到达，打扮是否得体等，现在，你得用语言使自己给对方留下好印象。确切地说，你需要用两分钟时间来谈论你接受的教育和工作经历，并说明你为何觉得自己适合干这份工作。

你应该准备好一句能让人记住你的话。比如，有位求职者说："我毕业于一所没有名气的大学，但请看看我过去十年的工作成就吧！"突出了他的精明和强干，从而使他战胜了势均力敌的竞争者。

2. 你为何找不到工作

招聘人员对这一问题的回答极为敏感，你应该直截了当，眼睛看着对方回答，时间不要超过了一分钟，否则可能会给人留下不好的印象。你可以实事求是地回答："我和新上任的头目们产生了观点分歧。"你也可以这样说："他们给我的工作不是我想干的，那不适合我。"

3. 你的实力如何

这是问你是否体力充沛、全神贯注、充满自信、办事果断、成熟老到、反应灵敏、意志坚强。"其实，这一切我们都想了解。"新英格兰金融集团的前副总经理帕克·库勒这样说。你要用工作中或在校时的具体实例来证明自己的才干，比如"毕业实习时，我的商品销售量在店里名列前茅"。这便是你毕业成绩的一个有力证明。

4. 你想要多少工资

初次面试不要扯到报酬问题，你未来的雇主会在之后几次见面时提出来。假如要说，既不要提得太低，那会显得你对自身价值信心不足，也不要提得太高，那会吓坏你的雇主。你可说个范围，比如"我希望年薪在 4 万到 6 万元之间"。

5. 你能为我们做些什么

面试官要看看你是否对他们公司做过调查研究。那些对公司和企业不甚了解的应聘者，一般都被面试人员认为傲慢自大或"口头表达能力差"而遭淘汰。一位大学生是这样回答的："我不敢说能做什么惊天的伟业，但我想在贵公司极有发展潜力的前景和老板的领导下，充分发挥我的专业特长和能力，为公司的进一步发展贡献我全部的才力和心血。如果可能的话，这不仅是一种荣誉，更是一种义务。"

6. 你有什么弱点

这是要看看你是否坦率诚实和具有良好的心理平衡能力。有些招聘官常这样问："能谈谈你某次失败的经历吗？"错误的回答是："我想我没有这种经历。"要知道，从不失败的人是没有的。恰当的回答应是："人的一生谁也免不了会有缺点和弱点，人的发展就是在缺点与弱点的不断更改中完成的。我的弱点是在我向着一个特定的奋斗目标努力追求的过程中常常出现急躁情绪。我想随着年龄的增长和经验的丰富会不断改正的。"

回答时，要尽力展示你在失败中得到的收获。有位工程系毕业的学生，在大学一年级时差点因考试不及格而退学，但毕业后求职面试时，他这样告诉面试官："我很快振作起来，我用的是一种武器——顽强拼搏，要战胜困难，非顽强拼搏不可啊！后来，我的成绩一直是A。"结果，他得到了自己满意的工作。

7. 你最成功的事业是什么

你说不出一件自以为成功的事，就很难说服用人单位雇用你。你可以写下近五年来那些最值得你骄傲的事情，如果可能，最好用数据说明。比如："去年，我所在公司的10个销售人员中，我的业绩排名第一，独立完成了全公司30%的销售额。"或者说："因为我推荐的那套电脑软件，每年为公司节约8万元。"

8. 你喜欢什么样的老板

不要自以为幽默地说："我喜欢我以前的老板。"也不要对以前的老板说三道四。提这一问题的目的是想看看你是否会和老板闹别扭。

有位成功的应聘者是这样回答的："我喜欢那种能力高超，意志坚强，能跟他学到东西，能给我机会，给我指导，必要时又能给我批评的领导。"

9. 你为何辞去现有的工作

招聘者心里完全清楚，很多人离开原来的工作岗位是由于他们跟老板合不来，然而，没有多少人想听你讲述这方面的事。

很多招聘者建议把加入一家新公司的理由设定为事业发展的需要。例如："在原公司销售科工作了两年后，我学到了许多有关营销方面的知识。现在，我想学点别的。"或者，"现在，我想学点新东西，而贵公司则是我最中意的。"不过，要是你确实因与老板发生冲突而被解聘，那么，你最好主动把事情原委告诉他们，而不要让他们先问你。话要说得既明确又有艺术性。例如："在管理形式方面，我和原公司的一位新金融主管存在着分歧。不过，我们双方对此表示理解。"

10. 你会和未来的老板相处得好吗

有的招聘者建议回避这样的问题。但是，也有人建议这样说："我会一心一意扑在工作上，注重工作成效。然而，我也灵活多变，能和不同性格的老板很好地相处。"

如果问题很明确，如"讲一讲你曾相处过的你认为最糟的老板"，注意你的措辞，并把你们之间的分歧说成是工作中的或是管理方面的，而不要说是私人问题。

除了以上十个问题，面试官可能还要出些附加题考考你。他可能说出一件难办的事，问你该如何解决；他还可能用各种方式试探你是否正直。

有家公司的副总经理故意问应聘者："不少公司为拉生意在暗中给人好处，你对此怎么看?"这一问题的正确回答只有一个："我不会做任何违法的事。"

招聘面试通常以"还有我们未谈及的事吗"来结束。这个时候，你可问问你的工作内容、老板的期望，以及你要接替的人是为何走的，等等。机智的提问不仅能得到对方给你的满意回答，还能加深你在对方心目中的印象。临别时，你可以简要地说明自己适合这份工作。

你只要好好准备，并结合实际自由发挥，就一定能战胜那些准备不充分的对手，在招聘面试时获得成功。

面试时的禁忌话题

面试时绝对不能口无遮拦，想说什么就说什么，否则不可能找到好工作。那么，面试时有哪些话题是不能说的呢？或者说，都有什么禁忌话题呢？

（1）内心的性别或种族偏见。你或许以为面试官与你志同道合因而大讲特讲，其实，这样不啻于自掘坟墓，职场是不容许性别和种族歧视存在。

（2）先前雇主产权性机密资料。否则，会让面试官认为你这个人不值得信任。

（3）政治话题。

（4）宗教话题。

（5）家人或亲戚。即使面试官桌上摆着自己的全家福，你的口袋里装有家人或亲戚的照片也不行，因为这不符合面试的场合。

（6）某地区的天气或交通，或任何风土人情。当你把它们批评得体无完肤时，有可能碰巧批评到面试官的家乡，而面试官正巧又深深地思念着故乡。

（7）心爱的明星球队或运动员。你最喜欢的可能是面试官最讨厌的，虽然面试官因为这一点就反对你不合情理，可是也无可厚非。

（8）为面试官取得某物或某种特殊商品的提议。举例来说，"我能为你买到批发价"，也许这是事实，如果换个场合会表现出你待人的热忱，可是在面试时则格格不入，而且会显得你是在贿赂面试官。

（9）你如何的厌恶数学、科学或其他特别学科。虽然从表面上看似乎与此职位无关，然而，公司主管阶层也许正巧期望员工擅长数理。

（10）抱怨面试官让你久等，或你填写工作申请表或接受打字测验的房间热得烤死人。你需要表现给面试官的是你的积极面，一味抱怨则适得其反。

（11）老提大人物名号以自抬身价。举例说，你前任老板是个室内设计师，你曾协助她装潢某位名人的宅邸，名人的排场和派头并不值得你在求职时大讲特讲。假使你真的与某些社交名流为友，也要留心，别给人造成你是在吹嘘自己的印象。

（12）和工作毫不相干的个人憎恶。举例来说，你提到如果不幸天生一头红发，绝对会把它染成另外一种颜色，而你也许会发现公司总裁碰巧就有一头火焰般的红发。

（13）漫无焦点的闲扯。你回答完问题或做完一段评论，就此打住，等待下文。回答问题点到为止，喋喋不休徒劳无益。

（14）谈话偶尔会陷于沉默，为了化解冷场的情况，你脑中浮现的念头，不可随意脱口而出，务必三思而后言。

（15）将面试官赞美得天花乱坠。即使你诚心佩服其人，在这种情况下，你的赞美可能遭到误解。当然，你可以这么说："与您面晤是一种愉悦，谢谢您。"

使上司愉快地接受建议

青青去深圳某电子公司应聘时，穿的是一袭雅致的连衣裙。老板问她，为什么愿意离开家，从遥远的西安来深圳打工。

青青微笑着说："在深圳一年四季都可以穿裙子！"这出乎意料的回答，令老板十分欢喜。他马上笑着站起来，走过去握着她的手说："好，我们欢迎你，你有一颗纯真质朴的心。"

青青用一句轻松的调侃，就将一个很难的问题轻松地化解了，表现了较高的应变能力。在公司大会上，集体讨论某方案，一代表发言："我认为，还应该加入一点……"而另一代表则发言："我经过对这个方案的多方考虑，认为有点不太理想的地方，我提出来，你指正一下……"

大家发现，在前者发言完毕，上司只是面无表情地听着，没有其他动作。而在后者发言后，上司认真地考虑了一番，似乎做出了什么决定。两人获得不同的待遇，这是为什么呢？原因就在于后者能掌握上司的心理，知道如何使上司愉快地接受其建议。

在小说《三国演义》中，曹操的属下杨修自以为学富五车，才智出众，因而恃才自傲。不把曹操放在眼里，还常常口出狂言，做事也总是自作主张。结果曹操大为恼火，最后终于找了个借口把杨修杀掉了。

因此，在上司面前，下属最好不要表露"我比你聪明"的迹象，把握上司的自负心理，谦虚地提出自己的建议，这是最好的选择。

第八章
谈判口才智勇双全

谈判必须根据不同的谈判对象、不同的谈判内容、不同的谈判阶段、不同的谈判时机，随时调整话语的表述方式，采用不同的句型、不同的语气、不同的修辞，随机应变地运用自己的口才技巧，与对方在谈判桌上周旋。

谈判是日常通用的口才形态之一，在当代，无论是在国际交往的大舞台上，还是在国内活跃的经贸交易中，谈判向人们展示了它日益重要的作用。出色的谈判大师总是工于心计，巧于言词，在谈判桌上运用自己的口才和智慧与谈判对手展开智慧谋略的较量。

> 曹丕与曹植原是亲兄弟，曹丕即位为魏文帝之后，却对曹植猜忌迫害。有一次，魏文帝公开要求曹植在七步内作一首诗，作不成就要杀头。
>
> 曹植答应了一声，走了几步后，赋诗一首："煮豆燃豆萁，豆在釜中泣。本是同根生，相煎何太急？"魏文帝听了，惭愧得满脸通红。

灵活地运用语言，便可逢凶化吉，产生出奇制胜的效果——曹植即以哀兵之术保住了自己的性命，即是值得借鉴之处；而不懂得巧用语言的人，则往往会使谈判陷于困境。在谈判的过程中不仅仅是语言的较量，更是心理的较量，不过这两者之间并没有明显的界限，如果刻意地把两者断开，反而会犯谈判的大忌——底气不足。要让对手看出你的话语是经过深思熟虑、仔细斟酌的，而不是脱口而出的，这样才能提升你在对方心目中的分量，从而逐步掌握整个局面的主动权。

谈判的特征

谈判不同于日常说话，它具有以下特征。

1. 目的的功利性

策动谈判的动力是需要，谈判双方皆为满足自己的需要而走向谈判桌。无论是哪一个层次的谈判——个人间的、组织间的或国家间的，世界上每时每刻都有着成千上万的谈判者在为着各种不同的需要进行着言语交锋。

2. 话语的随机性

谈判必须根据不同的谈判对象、不同的谈判内容、不同的谈判阶段、不同的谈判时机，随时调整话语的表述方式，采用不同的句型、不同的语气、不同的修辞，随机应变地运用自己的口才技巧，与对方在谈判桌上周旋。

3. 策略的智巧性

谈判与论辩一样，既是口才的角逐，也是智力的较量。或言不由衷，微言大义；或旁敲侧击，循循暗示；或言必有中，一语道破；或快速激问；或絮语软磨……出色的谈判大师总是善于鼓动如簧巧舌，调动手中筹码，干脆利落地取得成功。

4. 战术的时效性

谈判注重效率，具有时效性特征，这也是它独具的特征之一。谈判之初，双方都有自己预定的谈判决策方案，其中包括各谈判阶段所安排的内容、进度和目标，以及谈判的截止日期等。这种时效性也可用做迫使对方让步的武器。

商业谈判一点通

在商业谈判上想获得最佳的结果，最有效的方式并非采取强硬态度，而是要求对方提出更好的条件。以下有几个意见将可帮助你进行更有效的谈判：

1. 带点强势的气势

斟酌情况，必要时可以适当提高嗓门，逼视对手，甚至跺脚，表现出一点"震撼"式的情绪化行为。这一招或许可以让对手为之气馁，也可显示你的决心。

2. 给自己留些余地

提出比预期达到的目标稍高一点的要求，就等于给自己留些妥协的余地。记住：目标定得稍高，收获就比较多。

3. 让步小些，慢些

装得小气一些，让步要慢，并且口气要带点勉强、为难。

由小让步获得的协定对你有利，因为这可以显示你的热忱。

4. 谈判时避免"大权在握"的口吻

要有自信，但不要以"大权在握"的口吻进行谈判。

你可以说："如果是由我做主的话……"告诉对方你无权做最后决定，或是你能做的决定有限，便可争取较多的时间思考，并充分了解对方的底牌。这样做的最大好处是：你为对方提供了一项不失面子的让步方式，使他能接受你的处境，而自己也不至于像一个失败的谈判者。

5. 不要轻易亮出底牌

对手对于你的动机、许可权以及最后的期限知道得越少越好，而你则要尽可能了解对方的资料，才能知己知彼，掌握胜算。

6. 运用竞争的力量

即使对方认为他提供的是独门生意，你也不妨告诉对方，你可以在买新产品与二手货之间选择，还可让对方知道你可以在买与不买，要与不要之间做选择，以创造一种竞争的姿态。

7. 适时喊"暂停"

如果谈判陷入僵局，不妨适时喊"暂停"，告诉对方你要和合伙人、老板或专家磋商。"暂停"还可以让对方有机会重新考虑问题，或者你可以做出一点小小的让步，促使双方重新回到谈判桌。

8. 当心快速成交

谈判若进行得太快，就没有时间了解全貌，甚至来不及详细思考就不得不亮出自己的底牌。除非你的准备工作做得非常好，而对方又毫无准备，否则，最好让自己有充分的时间思考。

9. 谈判中突然做出某些转变

在谈判过程中，突然改变方法、论点或步骤，以让对方折服、陷入混乱或迫使对方让步。

具体点说，只要稍微改变一下说话的声调或加强语气即可。但切勿戏剧性地勃然大怒；不怒而威，就可以让对方措手不及而软化立场。

10. 采用"兵临城下"的大胆做法

大胆地威迫对手，看对方怎样反应。这一招有点冒险，但可能会非常管用，可以使对方接受修改的合同，或是重开谈判。

11. 运用"预算战略"

比如说："我真的喜欢你的产品，而且也真的有此需要，可惜我没有能力负担。"这种间接求助的策略可以满足对方的自负，因而让步。

12. 聚沙成塔，小利也是利

纵使对方只是小小的让步，也值得珍视。在整个过程中，对方让步就是你争取而来的胜利，说不定对方的举手之劳，就能为你省下不少金钱和时间。

13. 要有耐心

不要期望对方立刻接受你的新构想。坚持、忍耐，对方或许最后会接受你的意见。

14. 给对方留余地

总要留点余地，顾及对方面子。所谓成功的谈判，应该是双方愉快地离开谈判桌。谈判的基本规则是没有任何一方是失败者，双方都该是胜利者。

此外，在谈生意时还应该注意以下几项社交礼仪：

（1）不要与客人隔着办公桌握手。为了表示尊敬，应该走到对方的面前与其握手。

（2）若你想表示自己很热情，应避免第一次见面就请对方到高级餐厅进膳，这样会让对方感觉很不自然，以为你急于讨好他。

（3）说话不宜过于大声或高声，保持声调略为低沉，语气坚定，态度平静，很容易获得对方的好感，认为你是一个稳重而自信的人。

（4）刚认识的客户，不可过于自我标榜，如此会令对方觉得你很肤浅。

（5）与客户用膳的时候，不要尽谈一些公事，最好是闲话家常，就算真有生意上的问题要讨论，也应留待最后一道甜点时再谈。

（6）穿着打扮是很重要的，应选择能够展现你的品位与个性，并以整洁、大方、得体的衣服为主。

商业谈判辅助技巧

有人说：谈判的技巧，就是嘴皮子的技巧。虽然能言善辩有助于谈判成功，但仅限于此是不够的，还必须辅以其他诸多技巧。

1. 建立信赖

这是成功谈判的前提。在谈判开始时，你如果对对方的处境表示理解，表示愿意共同寻找对方满意的解决方法，你就有可能获得对方的信赖。当对方信赖你后，就会相信你的话，相信你的分析，相信你提出的解决方法，甚至会觉得你是在为他着想。

2. 制造竞争

当你购买中意商品而跟卖主谈判时，你说别处也有此种商品，甚至有比这更合适的，表示你是不会只在这一棵树上吊死的，那么，你的购买谈判就有可能获得成功。

3. 利用合法的力量

人们都有这种感觉，铅印字、公文、标准的和权威人士的签字，是不容更改的，是公正可信的。当这对你有利时，好好利用它；对你不利时，就别过分相信它，因为有时它们也是可以改变的。

4. 不要分散和孤立自己

当一方有多人参加谈判时，就要提前统一目标，统一方法，统一口径。如果谈判中意见无法统一，就很难获得满意的结果；当一方势单力孤时，要注意说服别人帮助你，共同制定谈判计划与决策。

5. 迫使对方增加投资

要用尽量满足对方需要和欲望的言辞说话，表示出你在为对方着想；表示对方提供的条件，并不完全令你满意。往往是对方在你身上花费的时间和精力越多，你的要求最后得到满足的可能性就越大。

6. 以客观的态度谈判

在进行有关的谈判时，有时会因为太认真而顾虑过多，以至把自己置于紧张和压力之下。当代替别人进行谈判时，就比较客观，心情轻松，态度从容，往往可以顺利实现谈判目的。以客观的态度谈判，容易达成协议。

成功的谈判没有失败者

关于谈判之道，一位专家曾这样说："一个老谋深算的人应该对任何人都不说威胁之词，不发辱骂之言，因为二者都不能削弱对方的力量。威胁会使他们更加谨慎，使谈判更艰难；辱骂会增加他们的怨恨，并使他们耿耿于怀，以言辞伤害你。"

谈判不同于比赛。如果纯粹以一决雌雄的态度展开谈判，谈判者势必要竭力压倒对方，以达到自己期望的目标，即使巧舌如簧，也要冒一败涂地的风险。因为策动人们谈判的动力是"需要"，双方的需要和对需要的满足是谈判的共同基础，对于共同利益的追求是取得一致的巨大动力。因此，真正成功的谈判，每一方都是胜者。

一般说来，谈判可分为合作性谈判和竞争性谈判两大类型。不管是哪种类型的谈判都必须和"言"悦色"烧热炉灶"，以创造融洽气氛，沟通谈判双方，建立相互信任的人际关系。谈判常用的方法有：

1. 礼貌用语，以"和"为贵

有个美国人到曼哈顿出差，想在报摊上买份报纸，发现未带零钱，只好递过10元整钞对报贩说："找钱吧！"谁知报贩很不高兴地回答道："先生，我可不是在上下班时来替人找零钱的。"这时，等在马路对面的朋友想换种说话方式去碰碰运气。他过来对报贩说："先生，对不起，不知你是否愿意帮助我解决这个困难，我是外地来的，想买份这儿的报纸，但只有一张10元的钞票，该怎么办？"结果，报贩毫不犹豫地把一份报纸递给了他，并且友好地说："拿去吧，等有了零钱再给我。"

后者的成功在于礼貌待人，和言暖心，满足了对方"获得尊重的需要"，从而取得了对方的合作。

在谈判中，即使受了对方不礼貌的过激言辞的刺激，也应保持头脑冷静，尽量以柔和礼貌的语言表述自己的意见。不仅语调温和，而且遣词造句都应适合谈判场面的需要。尽量避免使用一些极端用语，诸如："行不行？不行就算了。""就这样定了，否则拉倒！"这些话会激怒对方，从而把谈判引向破裂。

2. 改变人称，勿加评判

在谈判过程中，即使你的意见是正确的，也不要动辄对对手的行为和动机妄加评判，因为如果谈判失误，将会造成对立而难以合作。如发现对方对某项统计资料的计算方式不合理时，就贸然评论说："你对增长率的计算方式全都错了。"对方听了，显然一下子难以接受。如果将这句话改变人称并换一种表述方式，其效果就大相径庭了："我的统计结果和你的有所不同，我是这样计算的……"对方听后就不会产生反感了。

这种方法的诀窍是：将"你"换成"我"，将评判的口吻改成自我感受的口吻。在一般的场合又应注意尽量避免使用以"我"为中心的提示语，诸如"我认为……""依我看……""我的看法是……""我早就这么认为……"等，上述每一句开头的"我"都可改为礼貌用语"您"。

3. 多用肯定，婉言否决

首先，在谈判中不同意对方的观点时，不要直接用"不"这个具有强烈对抗色彩的字眼。

即使对方态度粗暴，也应和颜悦色地用肯定的句型来表述否定的意思。比如，当对方情绪激动、措辞尖锐时，也不要指责说："你这样发火是没有道理的。"而应换之以肯定句说："我完全理解你的感受。"这样说既婉转地暗示"我并不赞成你这么做"，又使对方听了十分悦耳，对你的好感油然而生。

其次，当谈判陷入僵局时，也不要使用否定对方的任何字眼，而要不失风度地说："在目前的情况下，我们最多也只能做到这一步了。"

第三，有时为了不冒犯对方，可适当地运用"转折"技巧，即先予肯定、宽慰，再转折，委婉地否定对方的意见并阐明自己的难处。如"是呀，但是……""我理解你的处境，但是……""我完全懂得你的意思，也完全赞成你的意见，但是……"这种貌似承诺，实则什么也没接受的语言表达方式，体现了"将心比心"这一古老的心理战术。它表示了对于对方的同情和理解，而赢得的却是"但是"以后所包含的内容。

察言观色，调整策略

在谈判中，密切观察对方态度的变化，也相当重要。对方的身体动作、手势、眨眼、脸部表情和咳嗽等，都隐藏着丰富的信息。有时谈判者可有意识地运用这些动作或者表情传达一些信息，特别是在不允许或不宜用语言表达的时候。如咳嗽，有时表示紧张不安，有时用来掩饰谎话，有时表示怀疑和惊讶。但是，在某一时刻，一个举止又不仅仅表示一个意思。这就要求谈判者善于联系对方的态度和言谈举止加以辨别。

在谈判中，可以通过巧妙提问、说话听声等方法，悉心聆听，摸清对方的需要，不失时机地调整己方的谈判策略。

1. 巧妙提问

谈判中常运用提问作为了解对方需求、掌握对方心理的手段。在对方滔滔不绝的议论中，利用提问随时控制谈话的方向，并鼓励对方说出自己的意见。谈判提问的技巧体现在"问什么""何时问"与

"怎样问"上。

问什么？要问能引起他人注意的问题，促使谈判顺利进行；要问能获取所需信息的问题，以此摸清对手底细；要问能引起对方思考的问题，控制对方思考的方向；要问能引导对方做出结论的问题，达到己方的目的；要问有已知答案的问题，用以证明对方的诚实与可信度。

何时问？在谈判开始时，为表示礼貌与尊重，应取得对方的同意再发问，尤其对陌生对手更应如此。对方没有答复完前一个问题，不要急于提出下一个问题。重要的问题要预先设想对方可能的答案，并针对不同答案设计好对策后再提问。充分总结每次谈判经验，预测对方在下一轮谈判中可能提出的问题，作好充分准备后再提问。

怎样问？不提有敌意的、带威胁性的问题；不提指责对方谈判诚意的问题；不提自我炫耀、显示己方优越性的问题。由广泛的问题着手，再移向特定的问题，将有助于缩短相互沟通的时间，提高谈判效率。要有耐心继续追问对方回答得不完整的问题，并尽量根据前一问题的答案构造下一个问题。要敢于就对方故意回避的问题发问，但应说明发问理由。只要有可能，应将问题设计成足以获得肯定或否定答案的形态。一系列这种类型的问题，可促使对手养成提供明确答复的习惯。

2. 说话听声

俗话说：锣鼓听音，说话听声。谈判中也应如此。悉心聆听对方吐露的每个字，注意其措辞、选择的表述方式、语气，乃至声调，是判断对方意图的一个重要途径。

任何一种说法，都可以有至少两个方面的意思。乍一看来，某些说法似乎表面上自相矛盾，然而在一定条件下和一定范围内，就会发现它具有的深层含义。

在谈判中，对手常以语言伪装，借以表达自己的"真诚"，以混淆视听。对这种言不由衷的把戏一定要警惕。

在谈判中，常听到对方说"顺便提一下……"说者企图给人一种印象：他要说的事是刚巧想起来的。但是，十有八九，这件"顺便"提的事非常重要，他漫不经心地提出，只是故作姿态而已。因此，在这种情况下，往往应从反面理解对方一些"动听"的言辞，诸如用"老实说""说真的""坦率地说……""真诚地说……"这样一些词语来提起话头，正说明他既不"坦率"，也不"老实"，更不"真诚"。

另外，根据对方怎么说，而不是说什么，去发现其态度的变化。如气氛融洽时，熟识的对手之间往往是直呼其名，突然变为以姓氏或职衔相称，就是气氛趋于紧张的信号，有时，甚至意味着僵局的开始。

工于心计，巧于言辞

出色的谈判大师总是工于心计，巧于言辞，在谈判桌上运用自己的口才和智慧与谈判对手展开智慧谋略的较量。

1. 虚拟假设

所谓虚拟假设，首先，是分析利害，迫使对方选择让步。

1977 年 8 月，克罗地亚人劫持了美国环球公司一架班机，最后，迫降在法国戴高乐机场。法国警方与劫持者进行了三天谈判，双方陷入僵局后，警方运用虚拟假设向对方发出了"最后通牒"："如果你们现在放下武器跟美方警察回去，你们最多不过判处 4 年的监禁；但是，如果我们不得不逮捕你们，按照法国的法律，你们将被判处死刑。你们愿意走哪条路呢？"在这种高压下，恐怖分子最后选择了投降。

虚拟假设的另一作用是诱使对方进入圈套，从而实现自己的意图。

> 美国谈判大师荷伯·科恩一次飞往墨西哥城主持一个谈判研讨会。抵达目的地时，旅馆告之"客满"。此时，荷伯施展了他的看家本领，找到了旅馆经理问："如果墨西哥总统来了怎么办？你们是否要给他一个房间？"

> 经理回答："是的，先生。"

> 荷伯接着说："好吧，他没有来，所以，我住给他留的那间房。"结果他顺顺畅畅地住进了总统套房，不过附加条件是，总统来了必须立即让出，而这个概率是很小的。

2. 转换话题

在什么场合下需要转换话题呢？

想避开于己方不利的话题，想避开争论的焦点，想拖延对某个问题的决定，想把问题引向对己方有利的方面，想转换阐述问题的角度以说服对方。

在会谈时，应把建议的重点放在对己方有利的问题上，不要直接回答对己方不利的问题，这时，可绕着弯解释或提出新问题。如在一次军事谈判中，双方对撤军时限争执不下，对方提出："我们是否再深入讨论一下撤军的期限问题呢？"如果我方想千方百计延缓撤军时间的话，则可"顾左右而言他"，或者说："我们双方在撤军的条件上已基本取得一致了，能否再谈谈撤军的路线呢？"如果转换话题仍不能打破僵局，则可建议暂时休会，让大家松弛一下。这样，可取得使双方冷静思考的积极效果。

3. 化敌为友

> 刘某曾经多次与某批发商的采购部长 A 谈条件，前期在

做出很大让步的情况下，仍然没有达成协议。

双方反复讨论了七八次后，彼此都对这种无果的谈判过程有些疲劳了，就想到要换个地方谈，于是就走进了附近的一家饮料店。

这时刘某想起曾听人说A很喜欢钓鱼，而恰好刘某自己对钓鱼也有一定的心得。

入座后刘某开口的第一句话就是：

"前些日子，我去山溪里钓鱼，可没钓到几条。"

不出所料，A的眼睛发光了。

"怎么，你也喜欢钓鱼吗？"

"我只到小溪里钓，只是业余兴趣吧！"

"哈哈哈，其实，我谈起钓鱼比做什么都喜欢。"

他们说到感兴趣的话题，气氛很快就来了，甚至都约好了下次一起去钓鱼。至于有关订货的条件，虽然都知道"订货条件与私人交往是两码事"，但后来，还是按刘某所希望的条件签了和约。

在谈判中，要尽量多搜集谈判对手的资料，如果找到了自己与对方的共同点，在谈判受阻时，就有可能以这个共同点为题材来打开僵局。

4. 用语灵活

所谓"看人说话，量体裁衣"，灵活地运用语言是谈判口才智巧性的表现。

对不同的对象应使用不同的话语。对方用语朴实无华，己方说话也无须过多修饰；对方的话语爽直、干脆，己方就不要迂回曲折，含义晦涩。总之，为适应对方的学识、气度、修养而随时调整己方的说话语气和用词，是最具效益的思想沟通方法。

同样的意思可以用不同的语气或词汇来表达，直陈的语气可以表示强硬的立场、对立的态度。

例如，"你的看法完全错误"，显得生硬而武断。同样的意思若用委婉的语气或词汇来表达则可显示灵活的立场、合作的态度。"你的看法值得商榷"，这种表述方式既使对方易于接受，又给己方留有余地，是用语弹性的又一体现。

此外，用语灵活还体现在模糊语言的选用上。

运用模糊语言是谈判中经常使用的留有余地的重要手段。模糊语言灵活性高，适应性也强。谈判中对某些复杂的论点或意料之外的事情，不可能一下子做出准确的判断，这时就可以运用模糊语言来避其锋芒，以争取时间做必要的研究和制定对策。比如对某些很难一下子做出回答的要求和问题，可以说："我们将尽快给你们答复。""我们再考虑一下。""最近几天给你们回音。"这里的"尽快""一下""最近几天"都具灵活性，留有余地，可使自己避免盲目做出反应而陷入被动局面。

在外交谈判中，直陈其言、正面表态有时会让自己陷于被动的局面，这时使用模糊语言往往可产生奇效。

> 甲：阁下的声明是否表示贵国政府对《XX 协定》的成效有所怀疑？
>
> 乙：我没有说过这样的话，当然你可以按自己的理解去解释。

乙虽对协定的成效有所怀疑，但没有正面回答，而是含糊其辞，不给对方抓住把柄，避免产生对己方不利的结果。

5. 巧设圈套

巧设圈套是指向谈判对手提出一个虚假的问题，设置两种答案让其挑选，不论对方如何作答都会掉进自己的圈套，然后尽可指出其谬误之处，使对方无言以对。

美国前总统华盛顿年轻时，家里的一匹马给邻人偷走了。华盛顿便与一位警官到邻人的农场里去索讨，但邻人口口声声说那是自己的马而拒绝归还。华盛顿用双手蒙住马的两眼，对邻人说："如果这马是你的，那么，请你告诉我们，马的哪只眼睛是瞎的？"

"右眼。"

华盛顿放开蒙住马右眼的手，马的右眼相当正常。

"我说错了，马的左眼才是瞎的。"邻人急忙争辩说。

华盛顿放开蒙住马左眼的手，马的左眼也不瞎。

"我又说错了……"邻人还想争辩。

"是的，你错了。"警官说，"这证明马不是你的，你必须把马立即还给华盛顿先生！"

华盛顿在这里也是用了复杂问句、暗设陷阱的方法。从心理上说，邻人虽不知道马的眼睛瞎不瞎，或哪一只眼睛瞎，却必须强装知道而不能回答不知道。而他要回答，又必然会临时捕捉一些可供参考的因素来增加"侥幸言中"的可能。所以华盛顿的发问故意用了个复杂问句："马的哪只眼睛是瞎的？"这句问话包含着一个假设，即马肯定有一只眼睛是瞎的，无论对方回答是哪一只眼睛，都得先承认这个假设。偷马贼不知是计，还以为华盛顿无意中向他透露了"马有一只眼瞎了"的真相，所以他怀着百分之五十的希望瞎猜，果不其然地落入华盛顿设下的"陷阱"，不打自招。

6. 欲擒故纵

欲擒故纵是兵法三十六计之一。它的意思是，为了要擒住对方，先故意放开它，使其不加戒备，然后再一举歼灭。一般来说，在谈判中急于得到的一方容易做出让步。所以，我们在与对手谈判时，要充分发挥对事态发展的判断能力。根据对对手的了解，欲擒故纵，不能表现得过于急躁，不能急于求成。

例如，如果你想购买一套二手房，在买卖过程中，一旦你向卖方表达了强烈的购买意向，就会使得议价的可能性大大降低。因此即使你再满意，也不要急于表现你的购买意向。这时候可以采用欲擒故纵的策略，看到自己满意的房子，当中介催促付定金的时候，可以告诉对方也看中了另外几套房子，准备分析一下，购买哪套房子更加实惠一点，请对方容许自己再考虑考虑。这么说的潜在意图就是告诉对方，你对房价还是有些意见的，如愿意在此方面做出一点让步的话，还是有交易的可能。

因而，在谈判中若发生僵持时，不妨先放后收，反而常能出奇制胜；一"纵"一"擒"，就犹如奇兵，使对手放松戒备上当，最终无可奈何地做出让步。

软磨硬拖，使对手让步

谈判结束的时间称之为"死线"，死线对谈判的成败具有重大意义，因为让步往往在这个时候才会发生。在这一阶段，谈判者通常采用软磨硬拖的口才战术，从而使一些有经验的谈判对手就范。

1. 强忍等待

　　一位美国石油商曾这样叙述沙特阿拉伯石油大亨亚马尼的谈判艺术："他最厉害的一着是心平气和地重复一个又一个问题，最后把你搞得精疲力竭，不得不做出一定的让步。"

当你通过调查，确认对方急于达成协议时，就可采用这种疲劳战，迫使对方让步。

美国人曾在与一个小国的撤军谈判中尝到了"疲劳轰炸"的苦果。在谈判中，小国表面上装出无期限的样子，事实上他们也是有期限的，因为他们知道美国正处在总统竞选的关键时刻，不愿把战争无限期地拖下去，所以故意做出漠不关心的姿态。在谈判桌上，他们强忍等待，先用软话稳住美方，又用一些无关痛痒的闲言消磨谈判时光，眼看美方再也没有精力耗下去了，最后，抓住这大好时机狠狠"要价"，美方终于被迫做出让步，达成了停战协议。

2. 假装糊涂

糊涂产生智慧，"软弱也是一种力量"。在谈判之初，多听少说，"明白"也说"不明白"，"懂"的也装"不懂"，一而再、再而三地让对方层层加码，以满足己方需要。

在一场保险索赔的谈判中，代理人运用装糊涂的策略从保险公司那里得到了多于原损失3倍的赔偿金。请看代理人与保险公司理赔员的对话：

理赔员：……第一个出价只有100元，你看怎样？

代理人鼻子哼了一声，表示不信。

理赔员：再多点，200元怎么样？

代理人：再多点？根本没有多！

理赔员：那么好吧，300元怎么样？

代理人：300元？哎，我不知道。

理赔员：好吧，400元。

代理人：400元？哎，我不知道。

理赔员：好吧，500元。

代理人：500元？哎，我不知道。

理赔员：好吧，600元。

代理人仍然重复着"哎，我不知道"，这句话奇迹般地发生了作用。当然，这神奇的一着也不能无限制地使用下去，也应见好就收，最后，索赔款定为 950 元，原客户只需索赔 300 元而已。

说话要留有余地

谈判的过程是智力、技能竞争的一种，它受到人的思想情绪、谈判内容、周围情境等诸多因素的制约，谈判的过程一般来说是复杂多变的，节外生枝、出现始料未及的情况是常有的事。因此，谈判中特别是开始时，说话一定要注意分寸，留有余地。这就是说，你在与人交谈中，有些话要尽量避免说死，使说话具有一定的弹性，不能说"满口话"，以便给自己留下可以进退自如的余地。

在商品经济日益发展的今天，一个企业在产品销售、原料购置过程中，相互竞争的情况已是司空见惯。因此，对一个企业来说就必然面临选择哪一个确定为对象的问题。在这整个过程中，谈判就又有了"探测器"的功用，此时说话留有余地就更显得重要，它可使企业进退自如，获取更大的利益。

S 市某服装公司新设计的冬装款式新颖别致，一上市就十分抢手。因此准备购进一大批原料。消息不胫而走，很快就有本市和外地的几家毛纺厂的推销员来厂洽谈生意。该公司也有意先派出采购科的一般人员与之接触。在洽谈过程中，一方面先了解各厂的情况，暂时不定案，而以"贵方的意思我定转告公司上级，只要品质可靠、价格合理，我想是会被考虑的"之类的话来作答。通过洽谈，在摸清情况、反复权衡的基础上确定了其中的一家，原料质高价廉，仅此一项就让公司获利不小。

在商业谈判中，为使自己进退自如，还常采用卖方叫价提得高些，买方出价有意低些的方法。

　　一次联邦德国某公司来中国推销焊接设备，一套设备对方先报价 40 万美元。声明这是考虑到初次交易为赢得信誉而出的优惠价。但经我方再三讨价还价，最后以 27 万美元的价格成交。生意谈成的时候，对方经理做了一个夸张的仰头喝药的动作，开玩笑地说："27 万美元卖给贵方，我可是大蚀老本了，回去怕要服毒自杀了。"事实上，该公司的这种设备曾多次以二十几万美元的价格出售过，首次报价 40万以及他的声明和玩笑，都不过是虚张声势，给自己留下余地的一种手段。

谈判是一个复杂的过程。如果把谈判称作一种艺术，那么它是一种综合性的艺术。语言的艺术手段只是谈判整体艺术中的一个重要组成部分，一项谈判要获得成功，还有赖于谈判者本人渊博的知识、灵活清醒的头脑、惊人的洞察能力、处事果决等素质。

绵里藏针，软中有硬

人之所以要学习"说话"的方法，原因就在于人必须在不同的论点中寻求和谐，不能因各自不同的理念而损及人际关系。因此，与人沟通时，就必须注意分寸的拿捏。如果论辩中既不想太强硬，又不想违背自己的原则主张，你可用绵里藏针法，这或许是一个不错的方

法。绵里藏针意味着软中有硬，硬是通过软的方式表现出来的，婉言
中预示警戒，柔弱中显示刚强。

郑穆公元年（公元前627年），秦穆公任命孟明视为大
将，集合三百辆战车，于12月出发，准备带兵偷袭郑国。

这消息被郑国的一个贩牛商人弦高知道了。当时他赶着
一群牛正在去往洛阳的途中，回国报告已经来不及，于是他
急中生智，一边派人抄近路连夜回国报信，让国君做好迎战
准备；一边把自己装扮得衣冠楚楚，并挑选了12头肥牛和4
张牛皮，乘着马车，带着随从，在秦军必经之路等候着。

这天，秦国队伍行经时，突然有人拦住去路，大声喊
道："郑国使臣弦高受国君派遣，特来求见将军。"

孟明视听了，不禁一怔，心想：莫非我们派兵偷袭的消
息被郑国人知道了？他满腹狐疑地接见了弦高，并迫不及待
地问："先生到这里来有何见教？"

弦高说："我们国君听说将军带兵要来敝国，特派我来
犒劳大军，先送上这12头肥牛和4张牛皮作为慰劳品，表
示我们的一点心意。"

孟明视故作镇静，收下慰劳品，假惺惺地说："听说郑
国国君新丧，我们国君怕晋国乘机来侵犯你们，特意叫我带
兵来保护。"

弦高说："虽然我们郑国是个小国，夹在秦、晋两个大
国中间，但我国的将士们枕戈待旦，日夜小心地守卫着每一
寸国土，要是有谁胆敢来侵犯，我们一定会给以迎头痛击。
这一点请将军放心。"

孟明视又不甘心地说："这么说来，郑国就用不着我们
秦军的帮助了吗？"

弦高说："我们已经做好了一切准备，如果贵国军队真

的入境，我们将负责供应你们粮食和柴草，派兵保护你们的安全。"

孟明视听了弦高的话，心想郑国早已有所戒备，只得放弃进攻郑国的打算。事后，郑穆公召见了智言周旋而救国的弦高，并封他为军尉。

在外交上，委婉含蓄的语言往往更意蕴深刻。

1984年9月，苏联外长葛罗米柯访问白宫时，曾开玩笑似的对第一夫人南茜说："请贵夫人每天晚上都对里根总统说句悄悄话——和平。"言外之意是里根总统头脑不够冷静，往往做出有损于世界和平的事。对此，南茜回敬说："我一定那样做，同样地，希望你的身边也能常常吹出这样的'枕边风'。"葛罗米柯听后，心领神会地讪讪一笑。

由于代表着不同国家、不同的政治利益，政治家之间的语言游戏，无论形式如何，都是针锋相对的斗争。葛罗米柯和里根夫人的妙语，都在含蓄之中藏着三寸钢针，一个刺得好，一个扎得妙。听似玩笑，实则真言。凭借委婉含蓄，政治家把尖锐的批评包藏起来，抛向对方，不显山不露水地进行了一番较量。

所以，对于谈判双方来说，既要维持表面的和谐关系，又要坚决捍卫自己的理念，不能有较大让步时，绵里藏针便是最好的方法了。

曲言婉至谈判法

有一对年轻男女，经过一段时间的恋爱，双方情投意合，决定结为终身伴侣，但如何办婚事，双方的想法却不同。女方认为人一辈子就这一次婚礼，一定要办得很隆重、很盛大才行。可男方心里并不是这么想，但他了解女方的脾性，若是他直接提出相反的意见，可能会把这事闹得不可收拾，于是他决定和女方就此事认真沟通一下。

男方热情地说："眼看就要办喜事了，我们来计划一下，看看婚礼要怎么办才好，怎样才能让你满意。"

女方说："早该计划一下。结婚是人生大事，一辈子就这一次嘛！喜酒不能不请。我算了算，没有四十桌不行；请了亲戚，不能不请公司同事，请了公司同事，不能不请同学。"

男方说："是啊，菜色也不能太差，照现在的行情，每桌至少得要 8000 元，这 32 万的酒席钱是省不了的。"

女方又高兴地问道："新房的装潢怎么办？总不能住进一副寒酸相的新房呀！"

男方说："嗯，的确是，佛要金装，人要衣装，房间也应该装饰一下！我们上次看到的那套意大利进口沙发怎么样？浅黄色，颇富现代感，虽然说要 6 万元一套，但这是百年大计，一辈子的基本建设呀！"

女方说："新房子光有家具装潢也不够，家用电器总要配备一些吧！"

男方说："对，洗衣机、电冰箱、电视机、CD 音响也该添置；算一算，这方面大概也要 6 万元以上。"

女方高兴地说："还得去拍婚纱照！公司同事当新娘，光婚纱照就拍了几十组，婚宴上就换了 6 套礼服呢！"

男方说："那当然，再加上蜜月旅行，给岳母的礼物、喜糖、喜车、鞭炮，这些杂七杂八的费用，差不多也要 20 万。大概就这些了，你算一下，总共需要多少钱？"

女方算了一下回答道："大概要 70 万。"

男方说："好，你再算算，我现在有 125000 元的存款，而每月薪水加奖金约 4 万元，扣掉给父母的钱、三餐、零用钱，每月能剩 12000 左右，一年应该能存个 14 万。"

女方说：　"哎呀，一年 14 万，要 5 年才能存够 70 万呢！"

男方说："我们俩同年，今年才都 30 岁，再过 5 年是 35 岁，你看，要不我们先贷款把婚事办一办，等婚后再一起勒紧腰带还贷款。"

女方沉默了。

男方趁势说："我想，如果真等到 35 岁再结婚实在太晚了，背着贷款度日也不会幸福，我们是不是实际一点，看看是不是哪里可以节省一点？"

女方说："你说得有理。"

就这样，男方的婉言相劝终于起了作用，女方被他说服了，接受了男方婚事简办的意见。

同理，在谈判中，若要促使对方同意自己的观点，应刻意避开对方的忌讳之处，从对方感兴趣的话题谈起。不要过早地暴露自己的意图，按照预定的迂回路线，步步接近目标。当对方跟着你的思路考虑是非因果时，他已经不自觉地接受了你的观点，这也就是曲言婉至、婉言相劝的妙处。

第九章
推销口才灵活多变

在现代的市场经济中，推销手段可谓五花八门，但最重要的还是要看推销员的口才技能。生活中有很多人，去逛一次商场，买回来许多不必要的东西，原因就是拒绝不了推销员的舌灿莲花，可见口才对推销员有多么重要。

当今社会，很多东西都成了商品，所以每个人都是推销员，把自己的商品甚至自己推销出去是我们面临的共同问题。于是，我们需要了解一下推销术。

在现代的市场经济中，推销手段可谓五花八门，但最重要的还是要看推销员的口才技能。生活中有很多人，去逛一次商场，买回来许多不必要的东西，原因就是拒绝不了推销员的舌灿莲花，可见口才对推销员有多么重要。

> 有一个肥胖顾客问书店售货员：“有《如何减肥》这本书吗？”
>
> “对不起，太太，刚刚卖完。您要同一作者写的《如何增肥》吗？”
>
> “你拿我开玩笑？”
>
> “绝非开玩笑，太太，只要按书中提到的要求反着去做不就成了？”
>
> “我有一位朋友，她长得比您还要胖，有一次来我店里买《如何减肥》，当时没货了，我就把《如何增肥》这本书推荐给她，想不到两个月后见到她时，她居然瘦了 10 公斤。”

这位推销员运用自己的三寸不烂之舌，完成了一项“不可能的任务”，把增肥的书卖给了一个肥姐。

好的开场白使推销成功一半

在实际推销工作中，推销员应该首先唤起客户的好奇心，引起客户的注意和兴趣，然后给客户介绍商品的特色，最后转入订购阶段。好奇心是人类所有行为动机中最有力的一种，唤起好奇心的具体办法则可以灵活多样，尽量做到得心应手，不留痕迹。总之，好的开场白使推销成功一半。

一位人寿保险代理商一接近准客户便问："如果您坐在一艘正在下沉的小船上，您愿意花多少钱买你的安全呢?"这个令人好奇的问题，可以引发顾客对保险的重视和购买的欲望。

人寿保险代理商阐明了这样一个思想，即人们必须在实际需要出现之前投保。

为了接触并吸引客户的注意，有时，可用一句大胆陈述或强烈问句来开头。

20世纪60年代，美国有一位非常成功的销售员乔·格兰德尔。他有个非常有趣的绰号，叫作"花招先生"。他拜访客户时，会把一个三分钟的蛋形计时器放在桌上，然后说："请您给我三分钟，三分钟一过，当最后一粒沙穿过玻璃瓶之后，如果您不要我再继续讲下去，我就离开。"

他会利用蛋形计时器、闹钟、20元面额的钞票及各式各样的花招，使他有足够的时间让顾客静静地坐着听他讲话，并对他所卖的产品产生兴趣。

假如你总是可以把客户的利益与自己的利益相结合，提问题将特别有用。顾客是向你购买想法、观念、物品、服务或产品的人，所以你的问题应带领潜在客户，帮助他选择最适合他的商品。

美国某图书公司的一位女推销员总是从容不迫、平心静气地以提出问题的方式来接近顾客。

"如果我送给您一小套有关个人效率的书籍，您打开书发现内容十分有趣，您会读吗?"

"如果您读了之后非常喜欢这套书，您会买下吗?"

"如果您没有发现其中的乐趣，您把书重新塞进这个包里给我寄回，行吗?"

这位女推销员的开场白简单明了，使客户几乎找不到说"不"的理由。后来，这三个问题被该公司的全体推销员所采用，成为标准的接近顾客的方式。

另外，好的开场白应该会引发客户的第二个问题，当你花了30秒的时间说完你的开场白以后，最佳的结果是让客户问你，你的东西是什么？每当客户问你是干什么的时候，就表示客户已经对你的产品产生了兴趣。如果你花了30秒的时间说完开场白，并没有让客户对你的产品或服务产生好奇或兴趣，而他们仍然告诉你没有时间或没有兴趣，那就表示你这30秒的开场白是无效的，你应该赶快设计另外一个更好的开场白来替代。

如果你卖的是电脑，你就不应该问客户有没有兴趣买一台电脑，或者问他们是不是需要一台电脑。你应该问："您想知道如何用最好的方法让你们公司每个月节省一大笔钱的营销费用吗?"这一类型的问题可能比较容易吸引客户的注意力。

"您知道一年只花几块钱就可以防止火灾、水灾和失窃吗?"保险公司推销员开口便问顾客，对方一时无以应对，但又表现出很想得知详细介绍的样子。推销员赶紧补上一句："如果您有兴趣了解我们公司的保险，我这儿有20多个险种可以选择。"

下面，是一些强力有效的开场白：

(1)"我需要您的帮忙。"

(2)"我知道您是这里当家做主的大老板，可是我能不能找那些认为自己在当家做主的人谈谈?"

(3)"我想借5万元，不知道您能不能帮我?"

（4）"我刚刚在隔壁跟 XX 在一起，她觉得我能对贵公司有所帮助，就像我对他们公司一样。"

（5）"我刚刚在隔壁跟 XX 在一起，她建议我顺道过来找 XX 再谈谈。请问她在吗？"

（6）"我是 XX，您不认识我？"

（7）"我刚在车上煎了一颗蛋，不知道你们这里有没有盐和胡椒？"

（8）"我的老板说，如果我做不出业绩来，就要叫我卷铺盖走人。所以如果您不想买东西，说不定你们这儿缺人。"

（9）"大部分和我们合作的机构都希望职工在出差时，有更好的生产效率。我们的电脑设有内置打印机，能为外出工作的员工节省金钱和时间。"

（10）"你们这一类的业务经理，总想取得最新的竞争情报。我们的竞争分析服务能让客户随时知道对手的最新情况。"

创新的推销技术

推销员的思考模式以及应对技巧，必须异于常人，方能出奇制胜，所以我们要摒弃那些老掉牙的推销术语。

不管你的作风如何，最重要的就是了解你的顾客。如果顾客一和你接触，就能放松心情，而且因为占用你的时间而觉得对你有所亏欠的话，通常愿意买你的商品，你离成功也就不远了。

1. 以"年资"作推销

有位销售人员去我朋友的办公室推销他公司的服务。他一进门就自我介绍："我叫 XXX，是 XX 公司的销售顾问，我可以肯定我的到来不是给你们添麻烦的，而是来与你们一起处理问题，帮你们赚钱的。"

然后，他问公司经理："您对我们公司非常了解吗？"

他用这个简单的问题，主导了销售访谈，并吸引了顾客的注意力，他继续说："我们公司在本行业的市场区域内是规模最大的。我们在本区的经营已有 22 年的历史，而在过去 10 年里，我们的员工人数由 13 人增加到 230 人。我们占有 30% 的市场，其中大部分都是客户满意之后再度惠顾的。"

"XX 先生，您有没有看到孟经理采用了我们的产品后，公司营运状况已大有起色？"

用这样一个简单的开场白，推销人员就已经为自己和公司，以及他的服务建立了从零到最大的信赖度。他已经回答了"它安全吗？""它可靠吗？"这两个问题。他打开了顾客的心，并且降低了顾客的抗拒，所以顾客马上就会有兴趣想知道他过去的客户得到了哪些利益，而自己将会从中得到哪些好处。由此，顾客从开始的抗拒与疑虑变成后来的接受与信任。

2. "7 + 1"成交法

所谓"7 + 1"成交法，就是你设计一系列的问题，而每一个问题都必须让客户回答"是"等肯定的答案。

"先生（小姐），我们在你们的社区附近做一些有关教育的调研，请问我可以问一下您对教育的看法吗？"

"可以。"

接下来问："请问您相信教育和知识是一件有价值的事情吗？"或："请问您相信教育和知识的价值吗？"

"相信。"

"如果我们放一套百科全书在您家里，而且是免费的，只是用来做展示，请问您能接受吗?"

"可以。"

"请问我可以进来向您展示一下我们的这套百科全书吗?
我不是想把这套百科全书卖给您，我所想要做的只是希望把
这套百科全书放在您的家里，当您的朋友来到您的家里看到
这套百科全书时，如果他们有兴趣，您只要将我们的联系电
话告诉他们，请他们和我们联系即可。"

"可以。"

依照心理学家的统计发现，如果你能够持续问对方六个问题而对
方连续回答六个"是"，那么，当第七个问题或要求提出后，对方也
会很自然地回答"是"。

3. 巧用对比说服顾客

一位草坪修剪工讲起他在底特律郊区和一些家庭主妇打
交道的事。当一位主妇说她必须先和丈夫商量时，修剪工问
她:"夫人，您每星期采购零杂用品要花多少钱?"

"哦，大概250美元吧。"她回答。

"您是不是每次去超市都要和您丈夫商量呢?"我又问。

"当然不会。"她说。

"那您每年光是采购这些零杂用品就得花1.2万美元，
那可不是一笔小开销啊。我注意到您说并没有征求您丈夫的
意见，而我们现在谈到的仅仅是一个200美元的合约，所以
我相信您丈夫不会介意由您做主的，对吧?"

然后，我又趁热打铁地说:"我星期三来替您家修剪草
坪，您看上午合适还是下午合适?"

"那就下午吧！"

这位草坪修剪工用"对比"推销术轻易地说服了有抗拒心理的家庭主妇。

4. 将心比心

许多顾客做事很有耐心，不把事情弄清楚决不往前踏一步，没有考虑清楚决不做出决定。这时候，最好强调自己与他站在同一阵线上，你是为他着想的，双方是利益共同体。

贝吉尔是美国顶尖的保险推销员之一。有一次，贝吉尔去见一位正考虑买 25 万美元保险的客户。

见面时，对方告知贝吉尔："我已麻烦一位好朋友处理关于保险的事情，请把资料留下，好让我比较一下哪家公司的产品比较便宜。"

"我有句话要真诚地告诉您，现在您可以把那些计划书都丢到垃圾桶里。因为保费的计划基础都是相同的起点，任何一家都是一样的。我来这里，就是帮助您做最后决定的。以银行贷 25 万美元而言，受益人当然是银行。关心您的健康，才是最重要的。不用担心，我已帮您约好的医生是公认最权威的，他的报告每一家保险公司都接受，何况做 25 万美元保金的高额保险的体检，只有他才够资格。"

"我还需要考虑几天。"

"当然可以，但是您可能会耽误 3 天，如果您患了感冒，时间一拖，保险公司甚至会考虑再等三四个月才予以承保……"

"哦，原来这件事有这么重要！贝吉尔先生，我还不晓得你到底代表哪家保险公司？"

"我代表客户!"在贝吉尔的积极行动下,顺利地签下一张25万美元的高额保险。

贝吉尔的成功利器:一是及时的行动;二是恰当地利用一些推销话术,"我代表客户"让顾客相信,他所做的一切都是为了顾客的利益。

交易中不宜与顾客争辩

迈特是一位美国汽车推销员,他对各种汽车的性能和特点了如指掌。本来,这对他搞推销是极有好处的,但遗憾的是他好胜心强,喜欢较真。当客户过于挑剔时,他总要与顾客进行一番舌战,而且常常驳得顾客哑口无言,事后他还得意地说:"我令这些家伙们大败而归。"

不过,经理还是批评了他:"在舌战中你越胜利你就越失职,因为你会得罪顾客,结果你什么也卖不出去。"后来,迈特懂得了这个道理,变得谦虚多了。

有一次,他去推销××牌汽车,一位顾客傲慢地说:"什么,××?我喜欢的可是×××牌汽车。××牌汽车你送我都不要!"迈特听了,微微一笑:"你说得不错,×××牌汽车确实好,该厂设备精良,技术也很棒。既然你是位行家,那咱们改天来讨论××牌汽车怎么样?希望先生能多多指教。"于是,两个人开始了海阔天空式的讨论。迈特借此机会大力宣扬了一番××牌汽车的优点,终于做成了这单生意。迈特后来成了美国著名的推销员。

为什么迈特以前争强好胜却遭到批评，而后来不再与顾客争辩反而成了模范推销员？因为他掌握了一个重要原则，那就是：交易中不宜争辩。

作为一个企业，应该讲究信誉，进行商品交易时对买方的意见与抱怨应分清是非。有的企业为维护面子，绝不容忍顾客挑剔自己的商品，如果顾客的意见稍微偏离事实，他们就会奋起反击，使买方哑口无言。其实，这是一种错误的观念。

企业的信誉不但来源于商品的质量优良、款式新颖、价格适宜、功效实用，而且还来源于科学、严格的管理，来源于较好的经济效益和热情谦逊的服务态度。而企业的面子是靠全体员工为顾客提供热情周到的服务来建立和维护的。这种热情周到的服务必须基于这样一种认识和宗旨："顾客至上"。如果意识到这一点，那么，就应当宽宏大量地对待顾客的意见与抱怨，站在顾客的角度，真诚地理解并欢迎顾客的异议，认真地分析和处理顾客的意见和建议，使顾客在与自己达成协议时保持愉快的心情，获得满足的快乐。

扬人之长，揭己之短

商品交易中，经常出现磕磕碰碰的情况。顾客提出抱怨，而销售者也怒目相向。有时遇到比较挑剔的顾客，横挑鼻子竖挑眼；如果销售者脾气暴躁、心胸狭隘，双方针锋相对，谁也不肯让步，势必影响双方的交易。聪明的销售者往往善于给顾客一个"台阶"，让对方恢复心理平衡，这样既能赢得顾客，也平息了双方的矛盾，使顾客在购买自己的产品时获得快乐的心情。

在谈判中，真诚的自责是给对方一种体贴、一种慰藉，责的是自己，安慰的是对方。善于与对方进行心理角色互换也是一种使顾客获得快乐的手段，它不仅能使交易继续下去，说不定对方还会给你带来更多的客户。示弱就是一种扬人之长、揭己之短的语言技巧，目的是使交易重心不偏不倚，或使对方获得一种心理上的满足，从而达到销售的目的。

　　有个人很擅长做皮鞋生意，别人卖一双，他往往能卖几双。一次谈话中，别人问他做生意有何诀窍，他笑了笑说："要善于示弱。"接下来他举例说："有些顾客到你这里来买鞋子，总是东挑西拣到处找毛病，把你的皮鞋说得一无是处。然后他们会头头是道告诉你哪种皮鞋最好，价格又适中，式样与做工又如何精致，好像他们是这方面的专家。这时，你若与之争论毫无用处，他们这样评论的目的只不过想以较低的价格把皮鞋买到手。这时，你要学会示弱，比如，你可以恭维对方的眼光独特，很会选鞋挑鞋，自己的皮鞋确实有不足之处，如式样并不新潮，鞋底不是牛筋底，不能踩出笃笃的响声，过于柔软，等等。你在表示不足的同时也可侧面赞扬一番这鞋子的优点，也许这正是使他们动心的地方。顾客花这么大心思和你谈论这鞋子，不正表明了他们对这种鞋子很关注吗？"

通过示弱，从而满足了对方的挑剔心理，一笔生意很快就成交了。这就是他的妙招，示弱并不是示真弱，只不过是顺着顾客的思路，用一种曲折迂回的办法来俘虏对方的心罢了。

善于制造悬念

许多人买东西首先考虑的就是价格，遇到这一类型的客户，绝对不能在他还没有了解商品特色之前说出价格，否则就会轻易失去一位顾客。

万一客户主动问价，也不要一口气亮出底牌，最好含糊其辞。在没有做好准备之前，没有哪个推销员愿意提及产品的价格。

除非你已经充分展示了产品的价值，否则不要一开始就说出价格。另一方面，只有当顾客了解了产品的价值之后，才能判断花钱买得值还是不值。

所以，不妨先把顾客的问价放在一边，继续做自己的产品介绍。要是顾客再次问价，你就说："请等一下，我马上就会谈到价格问题。"然后，继续介绍，直到你认为时机成熟时再报价。

顾客第三次问价时，你说："我很快就会谈到价格，但是我想让您多了解一些，这样您就可以发现这是一笔多么合算的交易。"然后你以一种友好的口气说："别担心，先听我解释，行吗？"

当你最终准备报价时，可以先制造悬念。"好了，我知道您现在已经开始喜欢这些产品的优良品质了。我相信，等您发现这笔交易真是物有所值的时候，您一定会激动不已。"稍作停顿之后，你接着说："好吧，您等了这么久，我现在告诉您价格是……"

随后，写下价格递给他。在他开口之前，你又热情地补充说："瞧，您看我是不是为您提供了周到的服务呢？"

事情说到了这个份儿上，如果没有其他的问题，顾客也没有拒绝你的理由了。

用暗示影响顾客

语言的附加意义，有时候要比语言本身更有力量。

美国有一位推销员伯特，有一次为了推销一套可供一幢40层办公大楼用的空调设备，与建设公司周旋了几个月还是无法谈成。购买与否的最后决定权，还是握在买方董事会的手中。

有一天董事会通知伯特，要他再一次向董事们介绍空调系统。伯特强打起精神，把讲过多遍的话又重述了一遍。但董事们反应冷淡，只是连珠炮似的提了一大堆问题，用外行话问内行人，似乎有意习难。

伯特心急如焚，眼看几个月的心血就要付诸东流，他浑身发热。这时，他忽然想到"热"这个妙计。他不再正面回答董事们的问题，而是很自然地改变了话题。他泰然自若地说："哟！今天天气还真热，请允许我脱去外衣，好吗？"说罢，他还掏出手帕擦着前额渗出的汗珠。

他的言行立刻引发了董事们的连锁反应，或许这是一种心理学的暗示作用，董事们似乎一下子也感受到了会议室的闷热难耐，一个接一个地脱下外衣，拿出手帕擦汗。

这时，终于有一位董事开始抱怨说："这房子没有空调，闷死了。"就这样，董事们再也不需要伯特推销，自动地考虑起空调的采购问题。令人不可思议的是，拖了几个月的买卖，竟然在短短十分钟内就获得了突破性的成功。

很显然，真正的关键在于伯特及时抓住了问题的重点，恰到好处地利用环境提供给他的条件，并运用语言的附加意义或暗示语法，让他的话产生了极大的威力。

顾客说"考虑看看"时

对于顾客的"我还要再考虑考虑"，最好的处理方法就是说："当然，先生，我很了解您这样的想法，但是我想，如果您还想再考虑，一定因为还有一些疑点您还不是很确定，我说得对不对？"

大部分的人可能会答道："是的，在我做出决定之前，还有一些问题我需要再想一想。"

接下来，你要这样回答："好的，我们不妨一起把这些问题列出来讨论一下。"然后，拿出一张白纸，在纸上写下 1～10 的数字。"现在，先生，您最不放心的是哪一点？"不管顾客说什么，把这一点写在数字 1 的那一行，然后再继续问，把下一个问题列为第二点。客户顶多会列出三四点，当客户再也想不出问题之后，你说："还有没有我们没有想到的呢？"如果顾客说："没有了！"你便说："先生，如果以上提出的问题，我都能一一给您满意的答复，我不敢说一定做得到，但是如果我能，您会不会购买？"如果顾客的回答是肯定的，你就提前做好了销售工作。接下来，你要针对客户提出的问题一一解释和保证，如果他认为他还是不能马上决定购买，专业的推销员会说："您一定还有不满意的地方。请把新想到的考虑再列出来。让我们共同来处理。"当你回答这些问题时，一定要清楚而明确，在解释清楚问题之后，一定要先问客户："您对这点满意了吗？"

或是："我们是不是已完全谈到每一个细节了？"

或是："您是不是对这点还有疑惑？"然后，再开始解释下一点。

另外，还有一种方式来应付客户说"好好考虑"的抗拒。你可以面带微笑地说："这真是太好了，我很高兴听到您说要好好考虑，显然如果您没有兴趣的话您也不会花时间来考虑它。因此我假设不管您决定买或不买，您都要避免做出错误的选择。您说我的假设成不成立？您考虑时间的长短在此时并不重要，您要寻求的就是正确的决定，您同意我的说法吗？"

顾客说"考虑看看"时，你应有针对性地采取下列对策：

（1）一定是我的说明不够清楚，您才不能欣然允诺，这恐怕会有负面的影响，请让我重新说明一次。

（2）您这么忙，可能没有时间重新考虑这件事。与其以后决定，倒不如现在请您再考虑看看好吗？

（3）您说考虑看看，证明您对我的话有兴趣，这真让人兴奋。不关心我们的商品，不可能特地抽出时间听我说明，由此可知您有意向购买。现在您需要考虑清楚的是，想弄清楚自己需要什么是吧，考虑3分钟或3年应该都一样，这和时间无关，您需要的只是确认自己的判断是否正确。既然如此，我们何不重新再考虑看看？我认为结论还是一致的，这不就证明您的判断是正确的吗？

"没钱"可能是一种借口

作为一位销售顾问，你有责任以正当的态度把产品和服务卖给顾客，如此，顾客才会向你购买，况且给别人提供好的机会就是给自己创造机会。

有一个推销员上门推销化妆品，女主人很客气地拒绝了。

"不好意思，我们目前没有钱，等我有钱时再买，你看行不行？"

但这位推销员看到女主人怀里抱着一条名贵的狗，计上心来。

"您这小狗真可爱，一看就知道是很名贵的狗。"

"是呀！"

"您一定在它身上花了不少钱和精力。"

"没错。"女主人眉飞色舞地向推销员介绍她为这条狗所付出的钱和精力。

"那当然，这不是一般阶层能够做到的，就像这化妆品，价钱比较贵，所以使用它的女士都是高收入、高档次的。"

一句话说得女主人心花怒放，再也不以没钱为借口，反而非常高兴地买下了一套化妆品。

看了这个例子以后，你一定会有所启发。钱确实是非常实在的东西，没钱就没有办法买所需要的东西。所以许多推销员在"没钱"面前退下阵来，其实他们放过了许多成功的机会。

实际上，客户嘴上说的"没钱"是极富弹性的，很可能是一种借口。钱变不出来但可以凑出来，关键在于客户是否真的决定要买你的产品。正因为钱在买卖当中起了关键作用，所以当客户想拒绝你的时候，"没钱"便是最好的挡箭牌，但这对有经验的推销员来说并不能起多大的阻碍作用，他照样能够让客户掏腰包。

如果你是一位汽车销售员，常常会有顾客在店里转来转去地看车，尽管你做了大量的推销工作，他却没有带现金、信用卡和支票，不能付一笔保证金。你要是花了一个小时左右的时间进行推销，而他还这样的话，我相信你是不情愿放他离去的，因为一旦离去，他就很可能再也不会回来了。你要懂得顾客虽然嘴上说没有带钱——实际上他们却不可能两手空空地回家。

一天上午，陈先生夹着一个公文包，在4S店里转悠，左看看右看看，适合他的车不是车价太高，就是款式不够漂亮。最后，陈先生看中了一款雪佛莱汽车，却说："我今天只是随便看看，没有带现金。"

俗话说："双鸟在林，不如一鸟在手。"你要说："陈先生，没有问题，我和您一样，有很多次也忘了带钱。"然后，你稍稍停顿一会儿，观察到顾客有种脱离困境、如释重负的感觉——他带了钱！你接着说："事实上，您不需要带一分钱，因为您的承诺比世界上所有的钱都能说明问题。"

接下来，你抓起顾客的手说："就在这儿签名，行吗？"

等他签完名，你要强调说："我这个人往往能给别人留下不错的第一印象，我知道，他们不会让我失望的。"

实际上，当你这样说时，确实很少有人会令你失望。你会发现，当你信任好人时，好人也会向你证明他们的确值得信赖。

掌握顾客的心理

有两家商店，同时装修，同时开业，商店设备也大致一样。但经营了一年之后，甲店比乙店经营得好，也就是说：甲店赚了而乙店亏了。

为什么同时开业，同样的"硬件"，但赚钱的情况却不一样呢？

说来也简单，甲店的老板喜欢和顾客闲聊，顾客的需求也就全在老板的了解之中。所以，顾客要为家里的老人买饼干，他会给对方推荐一种方便老年人的措施，老年人吃这种饼干不好，让对方试试这种好消化的饼干。

或者他会说：这位妈妈，小男孩吃这种饼干好，这种饼干加有钙；理查德，这种包装的咖啡，送礼又好看又不贵……

"汉森先生，夫人今天怎么没来？""病了。"晚上甲店老板就带着自己的私人医生出现在了汉森家的门口。

掌握顾客的心理往往就是制胜的法宝。甲店的老板经营得好，主要就是因为他常常和顾客闲聊，在这谈话之中就了解到了顾客的需求，同时也拉近了他自己和顾客的心理距离，顾客就有了一种安全感。顾客对于商家充分信赖，而商家也了解顾客的需求，这样的经营岂有不胜的道理？

乔·吉拉德被誉为世界上最伟大的推销员，据统计，他在15年中卖出13 001辆汽车，并创下一年卖出1 425辆（平均每天4辆）的纪录，这个业绩被收入《吉尼斯世界大全》。那么，你想知道他推销的秘密吗？他曾讲过一个故事：

记得曾经有一次，一位中年妇女走进我的展销室，她说她只是看看车打发一会儿时间。闲谈中，她告诉我她想买一辆白色的福特车，就像她表姐开的那辆，但对面福特车行的推销员让她过一小时后再去，所以她就先来这儿看看。她还说这是她送给自己的生日礼物："今天是我55岁生日。""生日快乐！夫人。"我一边说，一边请她进来随便看看，接着出去交代了一下，然后回来对她说："夫人，您喜欢白色车，既然您现在有时间，请允许我给您介绍一下我们的双门轿车——也是白色的。"

我们正谈着，女秘书走了进来，递给我一打玫瑰花。我把花送给了那位妇女："祝您长寿，尊敬的夫人。"显然她很受感动，眼眶都湿了。"已经很久没有人给我送礼物了。"她说，"刚才那位福特推销员一定是看我开了部旧车，以为我买不起新车，我刚要看车他却说要去收一笔款，于是我就上这儿来等他。其实我只是想要一辆白色车而已，因为表姐的车是福特，所以我也想买一辆福特车。现在想想，不买福特也可以。"

最后她在我这儿买走了一辆雪佛莱牌的私家车，并全额支付了购车款，其实从头到尾我的言语中都没有劝她放弃福特而买雪佛莱的词句。只是因为她在这里感受到了重视，才放弃了原来的打算，转而选择了我的产品。

肯定许多营销员学过诸如推销经典之类的课程，但是他们却没有成功。因为生活是多彩的，顾客是多样的，销售方法也同样是多种的，与顾客联络感情促进公共关系的提升是一个伟大推销员带来的最大财富。

化不圆满为圆满

有位商人去了很远的地方做生意，某次想到朋友的生日即将到了，自己应该要买个礼物带回去祝贺，他想送一幅具有深意的画当贺礼。

商人想："我是一个有品位的人，要送人礼物也不能太寒酸、太没有深度，那会显得自己太没气质。"于是他决定送朋友一幅画，接下来他就去拜访了一位画家。

"请问老板在吗？"商人进了门之后，看到一位衣衫褴褛的老人便对着他问。

"请问有什么事吗？"老人头也没抬地问。

"我想要一幅最有气质、最有深度的画，送给朋友当贺礼。"商人说着。

老人终于抬起头来，端详着面前这位打扮得干净整齐的人，问道："请问先生觉得什么样的画是最有深度、最有气质的呢？"

商人其实根本不懂画，所以听了老人的反问，一时语塞，不知该答什么，便说："我有一位朋友，几天后就过生日了，我想就送他一幅牡丹的画作吧。牡丹不正代表大富大贵，简单明了又有意义吗？！"

老人点了点头表示明白了他的意思，便现场画了一幅牡丹的画作，让商人带了回去。

商人参加了朋友的生日聚会，并当场将之前请老人画的那幅牡丹图展示出来。所有人看了，无不赞叹这幅活灵活现的画作。

当商人正觉得自己送的贺礼最有气质、最有品位的时候，忽然有人惊讶地说："嘿！你们看，这真是太没诚意了，这幅牡丹花的最上面那朵，竟然没有画完整，这不就代表'富贵不全'吗？"

此时在场的所有贵宾都发现了这个问题，而且都觉得牡丹花没有画全，的确有"富贵不全"的缺憾。现场最难过的莫过于送画的商人了，他只怪当初自己没有好好检查这幅画，原本的一番好意，反而让他在众人面前出丑，而且还不能改变这个事实……

这时候，主人却站出来说话了，他深深地感谢这位商人，大家都觉得莫名其妙，送了一幅这么糟的画，还要道谢？

主人说："各位都看到了，这幅画最上面的一朵牡丹花，没有画完它该有的边缘，牡丹代表富贵，而我的富贵却是'无边'，他是在祝贺我'富贵无边'。"主人的这个说法实在太机智了，众人听了无不觉得有道理，而且都认为这是一幅非常具有深意且完美的画作。

商人十分佩服这位主人。他知道，即使再有能力的画家，也难免会有失误。就看自己如何不被外人的想法影响，化不圆满为圆满了。

对于许多产品来说，不同的顾客有不同的感受和解释，现在营销人员要做的是怎样给顾客一个合理的解释才能够将自己的产品推广出去（前提是合格产品），上述案例正给了我们这样一个提示。